Anders Weber

Autogenes Training – eine Lebenshilfe

Anders Weber

Autogenes Training – eine Lebenshilfe

Seine Geheimnisse verstehen und im täglichen Leben entspannt anwenden

Mit Fotos von Markus Bieri
und Zeichnungen von Matthias Wehle

Oesch Verlag

Die Deutsche Bibliothek – CIP-Einheitsaufnahme

Weber, Anders:
Autogenes Training – eine Lebenshilfe : seine
Geheimnisse verstehen und im täglichen
Leben entspannt anwenden / Anders Weber. –
Mit Fotos von Markus Bieri und Zeichn. von
Matthias Wehle. – Zürich : Oesch, 2002
ISBN 3-0350-0003-4

Satz: Oesch Verlag
Druck und Bindung: Wiener Verlag, Himberg

ISBN 3-0350-0003-4

Gern senden wir Ihnen unser Verlagsverzeichnis:
Oesch Verlag, Jungholzstraße 28, 8050 Zürich
E-Mail: info@oeschverlag.ch
Telefax 0041/1 305 70 66 (CH: 01/305 70 66)

Unser Buchprogramm finden Sie im Internet unter:
www.oeschverlag.ch

Inhalt

Vorwort

Bereits als junger Erwachsener interessierte ich mich für Autogenes Training. Ich hatte das Buch *Überleben im Streß* von Hannes Lindemann gelesen und lernte daraus, autogen zu trainieren, obwohl irgendwo im Vorwort die Rede davon war, es sei wünschenswert, dazu einen Kurs zu besuchen. Aber erstens gab es damals praktisch keine Kurse für Autogenes Training, zweitens dachte ich, daß für so einfache Formeln, wie sie im Autogenen Training auftreten, kein Kursbesuch nötig sei, und drittens wollte ich das Gelesene gleich ausprobieren. Heute weiß ich natürlich, weshalb ein Kurs wichtig ist, wenn man Autogenes Training erlernen will. Zum Kurs gehört das Gespräch, so daß allfällige Fehlhaltungen und Mißverständnisse aufgedeckt sowie Schwierigkeiten besprochen werden können. Immer wieder treten auch Gefühle auf, die in keinem Buch beschrieben sind, und nur schon die Frage, ob man sich während des Autogenen Trainings kratzen darf, wenn es irgendwo juckt, wird fast nirgends beantwortet. So lernte ich also Autogenes Training aus dem Buch und trainierte dabei einige Fehlhaltungen ein, die ich natürlich nicht als solche erkannte.

Später besuchte ich zusammen mit vielen andern Teilnehmern einen Kurs. Man mußte sich hinlegen, und die Kursleiterin sprach mit monotoner Stimme zu leiser Musik die Formeln des Autogenen Trainings. Ich genoß es, so geführt zu werden, doch es ging im Kurs viel besser als später daheim. Im Anschluß an die Übung wurde über Erfahrungen gesprochen, die man zu Hause gemacht hatte; da wir etwa zwanzig Personen waren, war die Redezeit jedoch eher beschränkt.

Das Thema interessierte mich weiter, und einige Jahre später konnte ich einen Seminarleiterkurs für Autogenes Training für Kinder und Jugendliche besuchen. Ich begann vieles zu verstehen und zu durchschauen, was ich bis dahin nicht einmal als Fehlhaltung erkannt hatte.

Ich setzte das Gelernte gleich in meiner Schulklasse um und begann, Kurse für Schulkinder zu erteilen. Bei den einführenden Elternabenden wurde ich oft gefragt, ob ich solche Kurse nicht auch für Erwachsene anbieten könnte. So entschloß ich mich nach einiger Zeit, dies zu tun, und lehrte manchmal gleichzeitig – natürlich in verschiedenen Kursen – Kinder und deren Eltern die Anwendung des Autogenen Trainings.

Nun erteile ich bereits seit weit über zehn Jahren Kurse für Autogenes Training, und das Bedürfnis, eigene Kursunterlagen zu meinem Kurs abzugeben, ist stetig gewachsen. Deshalb beschloß ich, das vorliegende Handbuch zu schreiben, in der Hoffnung, es werde als begleitendes und ergänzendes Material zum Kursbesuch von Nutzen sein.

Die Rückmeldungen zum Manuskript, das ich in kopierter Form den Teilnehmenden abgab, waren sehr positiv, und ich wurde mehrmals gebeten, es doch zu veröffentlichen, damit auch andere Interessierte Nutzen aus diesen Anleitungen ziehen könnten. Das löste in mir widersprüchliche Gefühle aus: Einerseits bin ich ein starker Verfechter des Gedankens, daß ein Kursbesuch notwendig ist, um das Autogene Training optimal erlernen zu können. Zudem gibt es bereits viele Bücher über Autogenes Training auf dem Markt – einige davon sind sehr gut geschrieben, andere sind das Papier kaum wert, auf das sie gedruckt wurden. Weshalb also ein weiteres Buch darüber anfügen? Andererseits vermute ich, daß viele Menschen das Autogene Training zunächst aus einem Buch erlernen, obwohl in seriösen Werken davon abgeraten wird. Bis zu einem gewissen Grad ist das autodidaktische Lernen sicher möglich. Vielleicht bleiben aber einige Fragen, Schwierigkeiten und Unsicherheiten bestehen, weil man in Ermangelung eines Kurses nicht nachfragen kann, schlimmstenfalls wird das Autogene Training sogar in Bausch und Bogen verdammt – ein Urteil, das diese Methode zur Selbstentspannung wahrlich nicht verdient hat.

So entschloß ich mich, diese Kursunterlagen zu veröffentlichen. Ich möchte jedoch noch einmal betonen, daß, auch wenn die einzelnen Formeln im Wortlaut sehr einfach sind, ein Kursbesuch empfehlenswert ist, denn ein wesentlicher Anteil des Lernprozesses ist es, im Kurs über das Training zu sprechen, um sein eigenes, individuelles Autogenes Training zu erlernen und Fehlhaltungen zu vermeiden.

Einführung

Autogenes Training ist eine Entspannungsmethode unter vielen. Bestimmt kennen auch Sie verschiedene Arten, sich zu entspannen und abzuschalten.

Die beste Methode ist der Schlaf: Abends sinken Sie müde ins Bett und fallen in einen tiefen, erholsamen Schlaf, von dem Sie erst am Morgen wieder erfrischt und ausgeruht erwachen. Oder können Sie abends nur nach längerem Herumwälzen einschlafen? Erwachen Sie nachts und schlafen nicht mehr ein? Fühlen Sie sich morgens wie gerädert? Dann ist Autogenes Training angesagt, mit dessen Hilfe Sie besser schlafen oder wenigstens besser mit der Schlaflosigkeit umzugehen lernen können.

Vielleicht erholen Sie sich mittags gern mit einem Mittagsschläfchen? Dazu braucht es aber genügend Zeit. Mit dem Autogenen Training können Sie lernen, sich in kürzester Zeit zu entspannen und zu erholen. Da braucht es nicht einmal einen langen Mittag ...

Das Autogene Training ist nicht nur eine sehr effiziente Entspannungsmethode, es hilft auch gegen Kopfschmerzen, Konzentrationsstörungen, Ängste und Komplexe aller Art; es verbessert die Magen-Darm-Funktionen, reguliert die Drüsentätigkeit und fördert die Durchblutung, um nur einige wenige Anwendungsgebiete zu nennen.

Vielleicht haben Sie vom Autogenen Training schon

gehört oder gelesen, Sie kennen jemanden, der einen Kurs besucht hat, oder waren selbst vor Jahren in einem Kurs und möchten Ihre Kenntnisse auffrischen. Bestimmt haben Sie dann gewisse Vorstellungen und Ideen, wie Sie das Autogene Training nutzen wollen. Was wissen Sie bereits über Autogenes Training? Was motiviert Sie dazu, es erlernen zu wollen? Was sind Ihre Ziele, die Sie mit dem Autogenen Training erreichen wollen? Ich bitte Sie, hier kurz innezuhalten und über diese Fragen nachzudenken. Wenn Sie Ihre Antworten unten aufschreiben, können Sie am Schluß der Lernphase, also etwa in einem halben Jahr, überprüfen, ob sich Ihre Wünsche erfüllt haben oder nicht. Sie werden überrascht sein, was Sie in dieser Zeit alles erreicht haben. Allerdings müssen Sie dazu bereit sein, genügend zu trainieren. Ohne Training kein Erfolg.

Hier ist Platz für Ihre Notizen:

Bisheriges Wissen:

Motivation:

Ziele:

Nun rate ich Ihnen, alle Vorstellungen über Autogenes Training oder alles, was Sie darüber zu wissen glauben, zu vergessen. Es ist ganz anders, als Sie denken oder sich vorstellen. Sie werden unter Anleitung Ihr persönliches Autogenes Training entwickeln, das sich wesentlich von den Trainings anderer Kursteilnehmer und -teilnehmerinnen unterscheidet. Es wird sich auch von dem unterscheiden, das Sie allenfalls bisher mit oder ohne Kurs gelernt haben.

Deshalb ist es wichtig, daß Sie sich während der Lernphase klar an die Anweisungen des Kursleiters halten. Diese Anweisungen sind nicht immer für alle gleich, denn Sie sollen ja mit seiner Hilfe Ihre eigene, ganz persönliche Form entwickeln. Ich bitte Sie, Fragen, Schwierigkeiten und Probleme, die während des Übens zu Hause auftauchen, an den Kursabenden zur Sprache zu bringen. Dies trägt dazu bei, daß Sie das Autogene Training erlernen, das für Sie am besten geeignet ist und aus dem Sie am meisten Nutzen ziehen können. Das Gespräch mit andern wird dazu beitragen, daß Sie das Autogene Training mit all seinen verschiedenen Dimensionen und Facetten gründlich kennenlernen, so daß Sie schließlich ihre ganz eigene persönliche Form davon nach Ihren Bedürfnissen einsetzen können.

Zum Schluß habe ich eine wichtige Bitte: Lesen Sie immer nur so weit, wie Sie im Kurs stehen. Die Übungen des Autogenen Trainings sind im Wortlaut sehr einfach, so daß man in Versuchung geraten könnte, gleich auch die nächste auszuprobieren. Ich möchte Sie aber dringend bitten, davon abzusehen, denn jede Übung braucht eine gewisse Zeit, bis sie eintrainiert ist – im Normalfall etwa zehn Tage bis zwei Wochen –, und es wäre kontraproduktiv, eine neue Übung zu früh anzufangen. Zudem dauert das gründliche Erlernen des Autogenen Trainings im Ganzen etwa ein halbes Jahr – auch als Autodidakt sollten Sie sich an diese Vorgaben halten.

Es ist mir ein Anliegen, Frauen und Männer gleichermaßen anzusprechen. Ich verwende deshalb manchmal weibliche und manchmal männliche Formen, wobei selbstverständlich immer beide Geschlechter gemeint sind.

Nun wünsche ich beim Erlernen des Autogenen Trainings viele gute und schöne Erlebnisse, Erfolg und gutes Gelingen.

1 Das Autogene Training – Erklärung verschiedener Begriffe

Das Autogene Training wurde Anfang des zwanzigsten Jahrhunderts vom Nervenarzt und Hypnosetherapeuten Prof. Dr. med. Johannes Heinrich Schultz (1884–1970) entwickelt. Er legte großen Wert darauf, daß seine Patienten lernen sollten, ihre Selbstheilungskräfte, die während der Hypnose aktiviert wurden, von ihm unabhängig einzusetzen und zu nutzen. Bei den Patienten, die er mit Hypnose behandelte, stellte er immer wieder fest, daß Schwere- und Wärmezustände auftraten. Er entwickelte Suggestionen, welche die Patienten selbst anwenden konnten, und dabei traten ähnliche Phänomene auf wie in der Hypnose – das Autogene Training war erfunden. In jahrelanger Arbeit verfeinerte er diese Methode weiter und entwickelte die sechs Übungen, aus denen das Autogene Training heute besteht.

Da Schultz die Selbständigkeit der Patienten sehr wichtig war – aus dieser Idee heraus wurde diese Methode ja entwickelt –, sollten sie die Übungen eben auch *autogen trainieren*. Das Wort »autogen« stammt aus dem Griechischen: »autos genos« heißt »aus dem Selbst entstehend«. Mit andern Worten kann das Autogene Training nur *selbst gemacht* werden; sonst ist es nicht Autogenes Training. Wenn die Übungen vorgesprochen werden, dann ist das nicht *autogenes,* sondern *heterogenes* (fremdbestimmtes) Training oder anders gesagt eine Hypnoseinduktion.

Damit ist absolut nichts gegen die Hypnose ausgesagt; auch sie ist eine ausgezeichnete Entspannungsmethode, mit der hervorragende Therapieerfolge erzielt werden können. Es gibt viele weitere gute Entspannungsmethoden, zum Beispiel Yoga, Meditation, Selbsthypnose, Couéismus, Progressive Muskelentspannung nach Jacobson, Autosuggestion, und selbst das altbewährte Mittagsschläfchen gehört dazu. Das Autogene Training hat gegenüber anderen Methoden aber einen großen Vorteil: Es braucht sehr wenig Zeit. Weil diese Methode bei uns im Abendland entwickelt wurde, ist sie unserer abendländischen Kultur und uns westlichen Menschen optimal angepaßt. Die meisten von uns stehen oft unter großem Streß. Viele Menschen nehmen sich nicht einmal Zeit, sich mit sich selbst zu beschäftigen. Wir haben nicht soviel Zeit, daß wir uns stundenlangen Meditationen hingeben können, bei uns muß alles schnell gehen. Da kommt uns das Autogene Training sehr entgegen: Es braucht nur wenige Minuten täglich und ist sehr effizient. In nur gerade zwei bis drei Minuten Übungszeit können wir bis zu vierzig Prozent unseres gesamten Entspannungspotentials erreichen! So können wir lernen, uns wieder mit uns selbst abzugeben, uns wahrzunehmen und unsere Mitte zu finden, aus der heraus wir autonom agieren können.

Dabei ist es wichtig, das Autogene Training zu lernen, solange man gesund ist. Erwachsene Menschen brauchen für das Erlernen dieser Methode, dieses schlagartigen Umschaltens auf Ruhe, etwa vier bis sechs Monate. Das ist eine relativ lange Zeit, aber für diejenigen, die durchhalten und genügend üben, ist der Erfolg sicher und auch klar feststellbar. Bis das Autogene Training schließlich richtig »sitzt«, dauert es etwa ein Jahr regelmäßigen Trainings. Durch systematisches Üben wird eine von innen kommende Umschaltung erreicht, die es erlaubt, Gutes und Gesundes zu stärken und Unerwünschtes anzugehen und zu vermindern, vielleicht sogar ganz zum Verschwinden zu bringen.

Streß

Viele Menschen sind einem unwahrscheinlichen Streß ausgesetzt. Ständig rennen sie ihren Terminen nach, immer ist noch etwas zu erledigen, sie sind nie fertig mit der Arbeit. Dabei wissen wir genau, daß wir auf Dauer nur leistungsfähig bleiben können, wenn wir auch Erholungsphasen haben. Damit ist nicht nur der Schlaf gemeint, der selbstredend ein sehr wichtiger Erholungsfaktor ist, sondern wir müssen uns auch Zeiten gönnen, welche wir für unsere eigene, persönliche Erholung einsetzen, Zeiten, in denen wir etwas ganz anderes machen.

Streß bedeutet im Grunde genommen nur die Beanspruchung unserer Ressourcen, das heißt, wir beanspruchen unsere Muskeln und Gelenke beim körperlichen Training, wir beanspruchen unser Hirn bei der täglichen Arbeit, wir beanspruchen unsere Sinne bei unseren Wahrnehmungen. Dies alles ist gesund. Muskeln und Gelenke sind dazu geschaffen, beansprucht zu werden, sonst rosten sie schnell ein. Das Hirn ist dazu da, daß wir es bei der täglichen Arbeit einsetzen, und unsere Sinne sind dazu da, daß wir sie verwenden.

Alarmierend wird Streß dann, wenn er zu groß wird. Wenn die Muskeln und Gelenke überbeansprucht werden, können Verletzungen entstehen. Wenn wir bei der täglichen Arbeit zuviel in zu kurzer Zeit erledigen und zuviel Verantwortung tragen müssen, entstehen Überforderung, Angst, Schlaflosigkeit und lähmende Gefühle. Dies sollten Sie als Alarmzeichen anschauen, denn sie zeigen übermäßigen Streß an, *Disstreß* genannt. Disstreß ist all das, was das Gleichgewicht von Körper, Geist und Seele stört. Das Autogene Training wird oft eingesetzt, um diesen übermäßigen Streß abzubauen.

Im Gegensatz dazu steht der *Eustreß*. Wenn Sie Ihre Arbeit voller Freude und Elan verrichten können, ist der Streß nicht gefährlich. Alles, woran Sie Freude haben, was Ihnen gut tut, was Sie beflügelt, ist Eustreß. Dies ist aber nicht für alle Menschen gleich. Etwas, das für den einen Disstreß bedeutet, ist für den andern Eustreß. Wann der Eustreß in Disstreß umschlägt, müssen Sie selbst herausfinden. Oft kann man keine scharfe Trennung machen, so etwas kommt schleichend. Plötzlich merken Sie, daß etwas nicht mehr stimmt. Viele wollen dies nicht wahrhaben, wollen die Alarmzeichen nicht sehen. So kann es vorkommen, daß man krank wird oder einen Unfall hat: Der Körper fordert seinen Tribut, zwingt zur Ruhe.

Wichtig ist, daß Sie im Gleichgewicht bleiben, in der Balance. Hier kann Ihnen das Autogene Training helfen. Lernen Sie es, bevor es zu einer Katastrophe kommt; das Autogene Training ist keine Feuerwehr, die eingesetzt werden kann, wenn es schon brennt, sondern bedarf eines intensiven Trainings und kann zur Vorbeugung gegen Disstreß eingesetzt werden.

Was geschieht beim Autogenen Training?

Das Autogene Training ist eine konzentrative Selbstentspannungsmethode. Bei den Übungen konzentriert man sich auf sich selbst, zunächst auf bestimmte Empfindungen an klar definierten Orten. Bei der ersten Übung, der Schwereübung, konzentriert man sich auf Schwere-Empfindungen in einem Arm, wobei man sich dessen natürlicher Schwere – später des ganzen Körpers – bewußt wird. Dadurch treten – auch im Zusammenspiel mit den andern Übungen – bestimmte physiologische Veränderungen im Körper auf. Unter anderem

- nimmt der Muskeltonus ab
- beruhigt sich der Herzrhythmus
- erweitern sich die Blutgefäße
- verändert sich die Atmung
- fällt der Blutdruck
- steigt die Hauttemperatur
- wird die Verdauungstätigkeit angeregt
- verändert sich die Bewußtseinslage

All diese Veränderungen werden *vegetative Gesamtumschaltung* genannt. Dabei wird das vegetative Nervensystem vom Sympathikus auf den Parasympathikus umgeschaltet. Diese Umschaltung geschieht normalerweise beim Einschlafen von selbst; je nachdem, wie schnell jemand einschlafen kann, dauert dies kürzer oder länger. Beim Autogenen Training geschieht dies schlagartig – in Sekundenschnelle, ohne daß man dabei einschläft.

Der Sympathikus und der Parasympathikus

Der Sympathikus ist dafür verantwortlich, daß wir uns aktiv am Geschehen um uns herum beteiligen können. Wir sind in der Lage, uns aufmerksam im Verkehr zu bewegen, wir können adäquat reagieren, wenn wir angesprochen werden, alle unsere Aufgaben wie vorgesehen erledigen und dabei auch auf Unvorhergesehenes in angemessener Weise reagieren. Kurz, der Sympathikus ist dafür verantwortlich, daß alle unsere täglichen Aktivitäten einigermaßen reibungslos ablaufen.

Der Parasympathikus, auch Vagus genannt, ermöglicht uns, nachts zu unserer Ruhe zu kommen. Wir liegen sicher und geborgen im Bett, wir können uns ganz dem Schlaf hingeben. Der Parasympathikus ist dafür verantwortlich, daß wir uns während der Schlafenszeit optimal entspannen und erholen, so daß wir am andern Morgen ausgeruht und erfrischt erwachen.

1 Der Schalter im Hirn

Im Autogenen Training dauert diese vegetative Gesamtumschaltung beim gut Trainierten erstaunlicherweise lediglich wenige Sekunden. Diese Umschaltung zuverlässig einzutrainieren dauert jedoch mehrere Monate bis ein Jahr. Während dieses Trainings bauen wir gewisse »Schalter« ein, die wir beim Autogenen Training bedienen – sie arbeiten genauso zuverlässig und schnell wie Lichtschalter. Diese »Schalter« sind *bedingte* oder *erlernte Reflexe.*

Bedingte Reflexe

Viele Reflexe sind unbewußt oder halb bewußt und laufen automatisch ab. Zum Beispiel ducken wir uns automatisch oder springen zur Seite, wenn ein Ball zu fliegen kommt. Wenn wir stürzen, halten wir uns unwillkürlich die Hände schützend vor das Gesicht. Wenn jemand vor unseren Augen herumfuchtelt, blinzeln wir. Wenn wir hungrig sind und uns der Geruch feinen Essens in die Nase steigt, läuft uns das Wasser im Munde zusammen. Das sind *unbedingte Reflexe.* Sie heißen so, weil sie an keine Bedingungen geknüpft sind und auf einem angeborenen Reflex des autonomen Nervensystems beruhen. Es besteht ein unmittelbarer Zusammenhang der Reaktion mit dem gegebenen Reiz.

Bei den bedingten oder erlernten Reflexen hängt die Reaktion nicht unmittelbar mit dem Reiz zusammen, sondern ein bestimmter Reiz wird mit einer bestimmten Reaktion gekoppelt, die ursprünglich gar nichts miteinander zu tun hatten. Die Reaktion auf den Reiz wird also gelernt, der Reiz verursacht die gelernte Reaktion. Dies heißt in der Fachsprache *Konditionierung.*

Sie kennen vielleicht die Geschichte vom russischen Wissenschaftler Ivan Petrovitsch Pavlov (1849–1936) und seinen Hunden. Pavlov brachte seinen Hunden bei, beim Erklingen eines Glockentons herzukommen, weil das für sie »Fressen« bedeutete. Wenn er die Glocke läutete, kamen die Hunde mit triefenden Lefzen hergerannt. Wie konnte er das zustande bringen? Anfänglich

2 Pavlov ruft seine Hunde

hatte er den Hunden ganz normal zu fressen gegeben, wenn sie hungrig waren. Beim Fressen läutete er mit einer Glocke. Später stellte er ihnen das Futter hin und läutete dann die Glocke. Noch später läutete er die Glocke und stellte dann das Fressen hin. So gewöhnte er die Hunde daran, daß sie »wußten«, daß das Läuten »Fressen« bedeutete. Schließlich hatte er sie konditioniert, das heißt, er hatte ihnen einen *bedingten Reflex* eingepflanzt. Der Reiz des Glockentones löste bei den Hunden Speichelfluß aus, obwohl zwischen dem Läuten einer Glocke mit der Nahrung kein unmittelbarer Zusammenhang besteht.

Im Autogenen Training konditionieren wir uns ebenfalls. Wir sagen uns so oft »Schwere« oder »Wärme« vor und fühlen diese Schwere und Wärme auch, daß die Wörter zu einem bedingten Reflex werden und mit der Zeit wie ein Schalter wirken. Die Entspannung tritt auf diesen Begriff hin schlagartig ein. Denken Sie daran: Dies ist nur mit viel Training zu erreichen.

Die Ruhetönung

Wenn die vegetative Gesamtumschaltung vollzogen ist, der Sympathikus also die Vorherrschaft dem Parasympathikus mittels bedingter Reflexe abgegeben hat, befindet sich der Körper in der sogenannten *Ruhetönung*. Der Körper hat sich entspannt, gelöst und gelockert. Dabei entspannen, lösen und lockern sich auch Geist und Psyche, denn Körper, Geist und Psyche verstehen wir als eine Einheit, deren Komponenten sehr eng verzahnt miteinander zusammenarbeiten. Das bewirkt, daß sich das Hirn ebenfalls lockert und auf anderen Frequenzen als im tagaktiven Bereich Ströme auszusenden beginnt. Dies sind sogenannte Alpha-Ströme, die meßbar sind und Entspannung und Ruhe anzeigen. Die konzentrative Selbstentspannung ist somit vollzogen, und der autogen Trainierende befindet sich in einer veränderten Bewußtseinslage.

Kurz gesagt, stellt die Konzentration auf sich selbst mittels der Übungen des Autogenen Trainings eine ausgeklügelte und sehr effiziente Bio-Feedback-Schlaufe dar, die den Trainierenden in einen veränderten Bewußtseinszustand katapultiert, den man auch Trance nennen könnte. In diesem Zustand kann das Gespräch mit dem Unbewußten anhand von Suggestionen der *Leitsätze* aufgenommen werden.

Trancephänomene

Jeder Mensch ändert ständig den Bewußtseinszustand. Haben Sie gewußt, daß Sie schon oft in Trance gewesen sind? Dies ist ein ganz natürlicher Vorgang, den wir meist gar nicht bemerken, weil er unbewußt abläuft. Trancezustände erleben wir immer wieder:

- wenn wir konzentriert lesen und nichts mehr um uns herum wahrnehmen
- wenn wir intensiv Musik hören, die Musik förmlich spüren (bestimmte Musikstücke sind besonders geeignet, Menschen in Trance zu versetzen)
- beim intensiven Tanzen, wenn wir dabei uns selbst vergessen
- bei Trommelrhythmen, die Trancezustände fördern, was wir oft bei Naturvölkern beobachten
- wenn wir gedankenverloren tagträumen
- wenn wir einer Geschichte oder einem Hörspiel lauschen und uns die Handlung wie einen Film vorstellen
- bei konzentrierter Arbeit, wenn wir voll auf unsere Tätigkeit eingestellt sind und um uns herum gar nichts mehr wahrnehmen
- beim Liftfahren, wo viele Leute schlagartig in Trance geraten und dabei die wechselnden Stockwerkanzeigen anstarren
- im Sport, z. B. beim Joggen
- beim Fernsehen oder im Kino
- bei längeren Autofahrten, besonders auf Autobahnen, kann die sogenannte Autobahnhypnose auftreten: Man weiß nicht mehr, wie man von A nach B gekommen ist, jegliche Erinnerung daran ist gelöscht. (Zur Beruhigung: Das ist an sich nichts Gefährliches, auch wenn wir gedanklich ganz woanders sind, ist ein Teil unseres Bewußtseins voll beim Autofahren, und wir sind fähig, angemessen zu reagieren.)

Diese Liste ließe sich beliebig verlängern; sie soll lediglich einen kleinen Einblick in die Trance-Möglichkeiten geben. Häufig laufen solche Trancen unbemerkt ab; normalerweise pendeln wir zwischen verschiedenen Bewußtseinszuständen. Nicht jeder veränderte Bewußtseinszustand oder jede Trance ist mit Ruhe und Entspannung verbunden. Tanzen, joggen und arbeiten sind ja nicht entspannende und lockernde Tätigkeiten, trotzdem können sie Trance auslösen.

Im Trancezustand ist die Aufnahmefähigkeit und -bereitschaft für etwas Bestimmtes erhöht, während andere Einflüsse teilweise, oft weitgehend, ausgeblendet sind. Dabei spielt es erfreulicherweise keine Rolle, wie leicht oder tief die Trance ist. Im Autogenen Training gehen wir in eine leichte Trance und halten dabei die Verbindung zur Außenwelt über die Ohren offen.

Suggestion und Autosuggestion

Immer wenn wir sprechen, besonders, wenn wir etwas Bestimmtes erreichen wollen, suggerieren wir unserem Gegenüber gewisse Inhalte. Das heißt, wir versuchen, jemanden irgendwie zu beeinflussen, damit er das macht, was wir wollen. Dies geschieht meist unbewußt und ohne böse Absicht. Wenn wir uns etwas schulen, können wir wirksamer kommunizieren beziehungsweise unsere Anliegen suggestiver formulieren. Gute Verkäufer wissen um diese Umstände und setzen Suggestionen gezielt ein, um ihre Ware besser verkaufen zu können. Gute Suggestionen zielen auf das Unbewußte ab, so daß deren Inhalte sich aus dem Unbewußten heraus entfalten können.

Wenn wir autogen trainieren, geraten wir in einen Trancezustand, in welchem die Suggestibilität, die Beeinflußbarkeit, stark erhöht ist. Mittels Autosuggestionen oder Leitsätzen können wir das Unbewußte dazu bewegen, Veränderungen, etwa in unseren Grundmustern, vorzunehmen, die durch reine Willenskraft nicht möglich sind. Beispielsweise können wir mittels geeigneter Suggestionen Ängste abbauen. Diese Suggestionen müssen jedoch so formuliert sein, daß sie vom Unbewußten verstanden werden, sonst nützen sie nichts. Daher ist es wichtig, daß wir uns mit unseren Sprachmustern beschäftigen. Wie diese Leitsätze formuliert werden sollen, daß sie die gewünschte Wirkung entfalten können, erfahren Sie im entsprechenden Kapitel dieses Buches.

Bewußtes und Unbewußtes

Ich habe einige Male das *Bewußte* und das *Unbewußte* erwähnt. Diese Begriffe können verschieden interpretiert werden. Ursprünglich stammen sie aus der Psychologie, sie halten kurz gesagt das Alltagsbewußtsein und die verdrängten, triebhaften und daher unbewußten Anteile des Menschen auseinander. Heute werden diese Begriffe mit weiteren Inhalten gefüllt.

Der Mensch ist ein überaus komplizierter Organismus. Vieles läuft automatisch ab, denken Sie bloß einmal an alle körperlichen Funktionen: die Verdauung, die Herztätigkeit, der Sauerstoffaustausch, die Blutreinigung, die Atmung, der ganze Informationsaustausch zwischen den verschiedenen Körperregionen und dem Hirn, der Ausgleich zwischen Ruhe und Aktivität und so weiter und so fort. All dies läuft vollkommen unbewußt ab – was allerdings nicht heißt, daß es nicht vom Bewußtsein beeinflußbar wäre, zum Beispiel mit Autogenem Training. Es ist jedoch absolut unmöglich und auch nicht sinnvoll, all diese Funktionen mit dem Bewußten zu überblicken, geschweige denn zu steuern.

Weiter gibt es andere Funktionen, die unbewußt ablaufen, Dinge, die wir einmal gelernt haben und an die wir nicht mehr zu denken brauchen: das Gehen und Laufen, Radfahren, Lesen und Schreiben, Sprechen, das Spielen eines Instruments, Skifahren und Autofahren, um nur einige wenige zu nennen. Stellen Sie sich einmal vor, Sie müßten den ganzen Bewegungsablauf beim Gehen bewußt steuern – Sie könnten sich wahrscheinlich nicht lange auf den Beinen halten. Die Fähigkeit zu gehen ist etwas, das dem Menschen angeboren ist. Trotzdem muß es erlernt werden. Haben Sie schon einmal einem kleinen Kind zugeschaut, wie es zu gehen lernt? Es fällt immer wieder hin, steht strahlend auf, um kurz darauf wieder hinzufallen. Immer wieder Versuch und Mißlingen, bis es gelernt hat, zu gehen und zu laufen. Bald muß es nicht mehr »bewußt« gehen, der ganze Bewegungsablauf ist ins Unbewußte abgesunken und läuft von dort aus automatisch ab. Das Gehen ist also zu einem bedingten, erlernten Reflex geworden. Grob gesagt läuft das Bewußte im Kopf, das Unbewußte im Körper ab.

Beim Lesen- und Schreibenlernen geschieht etwas Ähnliches. Jeder muß lernen, wie sich die Buchstaben voneinander unterscheiden und wie sie heißen, dann werden sie zu Wörtern und mit der Zeit zu ganzen Sätzen und Texten zusammengesetzt. Die Texte werden anfänglich mühsam Wort für Wort entziffert, bis das Lesen immer fließender wird und wir uns zuletzt ganz der Sinnentnahme widmen können. Wir müssen nicht mehr daran denken, wie die Wörter und Sätze zusammengesetzt sind, wir lesen sie einfach. Ebenso beim Zehnfingersystem auf der Tastatur: Wir müssen die Buchstaben nicht immer wieder suchen, sondern die Finger wissen von selbst, wo sie sich befinden, und so können wir bald fast so schnell schreiben, wie wir denken. Sogar die Rechtschreibung geschieht weitgehend automatisch. Der Vorgang des Lesens und Schreibens läuft also schließlich unbewußt ab, während wir uns bewußt mit dem Wesentlichen beschäftigen können, dem Inhalt. Das Lesen und Schreiben ist ebenfalls zu einem erlernten Reflex geworden. Auch hier kann die Unterscheidung Kopf und Körper angewendet werden, obwohl wir natürlich wissen, daß die meisten unbewußten Vorgänge vom Hirn aus gesteuert werden. Fähigkeiten und Fertigkeiten sinken ins Unbewußte ab und wirken von da sehr zuverlässig und effizient – sie sind zu bedingten Reflexen geworden. Diese aber bedurften eines intensiven Trainings; Sie können sich bestimmt daran erinnern, wie mühsam es war, schreiben und lesen zu lernen. Auch beim Autogenen Training üben wir solche Reflexe ein – und auch hier muß viel trainiert werden, damit die erwünschten Wirkungen schnell und zuverlässig eintreten.

Im Unbewußten sind frühkindliche Prägungen gespeichert, die später für gewisse Muster in unseren Verhaltens- und Denkweisen verantwortlich sind. Diese können manchmal sehr störend wirken. Es ist zwar nicht einfach, aber möglich, solche bedingten Reflexe zu verändern.

Eine weitere Unterscheidung kann für das Verständnis des Bewußten und des Unbewußten hilfreich sein. Wir haben zwei Hirnhälften, die eigentlich zwei unabhängig voneinander funktionierende Hirne sind, die jedoch zusammenarbeiten. Das sind die beiden *Hemisphären.* Grundsätzlich steuert die linke Hemisphäre die rechte Seite des Körpers und die rechte Hemisphäre die linke Seite. Das Sprachzentrum sitzt bei den meisten Leuten in der linken Hemisphäre, und deshalb ist diese die dominante oder bewußte Hemisphäre. Im linken Hirn sind die Gedanken angesiedelt, die Buchstaben und Wörter, die Zahlen, alles was gerade und abgezirkelt ist, Tabellen, auch die Wörter anderer Sprachen, der Wille, in der Musik die Noten und Notenwerte, kurz, alles, was zählbar, analysierbar und benennbar ist. Im rechten Hirn hingegen finden wir Farben und Formen, Musik, Gefühle, die Intuition; alles, was nicht zählbar und benennbar ist. Das rechte Hirn ist deshalb meist die nichtdominante Hemisphäre.

Die Wirklichkeit ist natürlich viel komplexer. Um nur ein Beispiel zu nennen: Wenn in der linken Hemisphäre das Sprachzentrum zerstört ist und die betroffene Person deshalb nicht mehr sprechen oder lesen kann, können diese Fähigkeiten unter Umständen wieder erlernt werden, und das neue Sprachzentrum siedelt sich an einem andern Ort, vielleicht sogar in der rechten Hemisphäre, an. Dieser Vorgang wird mit »Plastizität des Gehirns« umschrieben und kann auch auf andere verlorengegangene Fertigkeiten zutreffen.

Wenn wir während des Autogenen Trainings in einem Trancezustand sind, können wir über entsprechende Suggestionen das Unbewußte direkt ansprechen und so Veränderungen induzieren, die wir mit dem Bewußten kaum für möglich gehalten hätten. Wir sind sogar in der Lage, Veränderungen in alten Mustern und frühkindlichen Prägungen zu bewirken, ohne genau feststellen zu müssen, woher diese stammen.

Die Konzentration

Das Autogene Training ist eine konzentrative Selbstentspannungsmethode, das heißt, es ist Konzentration in Reinkultur. Ich konzentriere mich dabei auf mich selbst, richte meine Aufmerksamkeit nach innen und nehme so Gefühle und Veränderungen der Körperempfindungen bewußter wahr. Man kann seine Aufmerksamkeit natürlich auch gegen außen richten, zum Beispiel auf eine bestimmte Arbeit, auf ein Buch, auf Musik, die man spielt oder hört ... Konzentrieren bedeutet, seinen Geist auf etwas ganz Bestimmtes innerhalb oder außerhalb zu richten und den Rest der Einflüsse, die von innen oder außen kommen, auszublenden. Wenn man sehr konzentriert ist, achtet man nicht mehr auf andere Reize, man läßt sich nicht stören. Die Konzentration, die ich hier meine, ist nicht dieser verkrampfte, verbissene Zustand, den manche Menschen für Konzentration halten (»Ich muß mich anstrengen und mich konzentrieren!!!«), sondern jener freischwebende Zustand, der fast wie von selbst entsteht und alle störenden Einflüsse wie von selbst ausblendet.

Nun gibt es Leute, die behaupten, sie könnten sich nicht konzentrieren. Bei näherem Nachfragen wird oft schnell klar, daß sie damit nur Teilbereiche meinen. Sie können sich auf laute Musik konzentrieren, aber nicht auf das Lesen eines Buches. Sie können sich auf ein

Gespräch konzentrieren, nicht aber auf ihre Arbeit. Das Autogene Training bietet eine sehr gute Möglichkeit, solche Defizite abzubauen. Mit Autogenem Training kann die Konzentration auch auf bisher schwierigen Gebieten erlernt werden.

Die Funktionsweise des Autogenen Trainings

Um die Wirkungsweise des Autogenen Trainings zu verdeutlichen, pflege ich am ersten Kursabend zwei Versuche anzustellen. Diese sollen aufzeigen, in welcher Art und Weise wir während des Trainings mit dem Unbewußten sprechen, ja sogar dem Unbewußten Befehle erteilen, die es ausführt. Beide Versuche zeigen die Wirkungsweise, ohne selbst Autogenes Training zu sein.

Der Zitronenversuch

Lassen Sie sich den folgenden Text von einer andern Person vorlesen, und zwar langsam und mit einer etwas monotonen Stimme. Sie schließen die Augen, konzentrieren sich auf den Inhalt und lassen das, was Sie hören, vor dem inneren Auge wie einen Film ablaufen. Achten Sie dabei darauf, was für Empfindungen und Gefühle sich beim Hören des Textes einstellen.

> *Stell dir vor, es ist ein sehr warmer Tag. Du kommst schwitzend, erhitzt und müde heim und hast großen Durst. Du gehst zum Kühlschrank, öffnest ihn und schaust hinein. Drinnen kannst du Verschiedenes sehen, und du wählst eine Zitrone aus und nimmst sie*

heraus. Du rollst und drückst sie zwischen den Handflächen; du fühlst die genarbte, grobporige Schale, und während des Rollens treten kleine Tröpfchen aus. Der etwas bittersaure Geruch der Zitrone steigt dir in die Nase. Nun nimmst du ein Brettchen und ein Messer zur Hand, legst die Zitrone auf das Brettchen und schneidest sie in zwei Hälften. Saft tritt aus und bildet einen kleinen See auf dem Brettchen. Der Geruch der Zitrone wird immer stärker. Jetzt nimmst du eine Zitronenhälfte in die Hand und führst sie zum Mund. Du preßt den sauren Saft in den Mund, er fließt der Zunge entlang nach hinten. Du schluckst ihn und saugst die Zitronenhälfte bis zum letzten Tropfen aus. Jetzt legst du diese Hälfte nieder und nimmst die andere Hälfte in die Hand. Auch diese führst du zum Mund, preßt den sauren Saft hinein und saugst auch diese Hälfte aus.

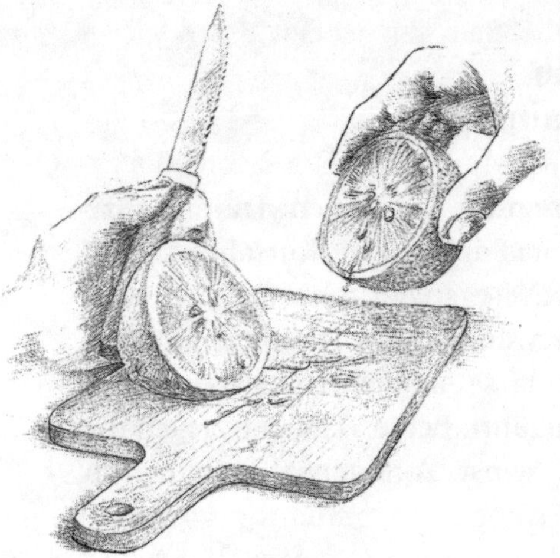
3 Der Zitronenversuch

Was haben Sie gespürt? Nicht alle spüren das gleiche, nicht alle empfinden überhaupt etwas. Die meisten nehmen aber den sauren Geschmack der Zitrone deutlich wahr, auch das Ziehen an den Zungenseiten oder hinten im Unterkiefer. Ebenso bildet sich bei den meisten vermehrt Speichel im Mund, was von außen in deutlichen Schluckbewegungen sichtbar wird. Auch im Magen hat sich etwas verändert: Die Bauchspeicheldrüse sondert Verdauungssäfte ab, die dazu geeignet sind, die Zitrone zu verdauen. Hätten Sie gedacht, daß Sie willentlich deutlich mehr Speichel produzieren oder sogar ein Organ wie die Bauchspeicheldrüse in dieser Art beeinflussen können?

Was ist hier geschehen? Über die Vorstellungskraft oder die Imagination[1] haben wir dem Unbewußten suggeriert, daß wir Zitronensaft trinken. Das Unbewußte arbeitet mit Bildern und Formen, und es ist unbedeutend, ob es sich um wirkliche Bilder handelt oder solche, die man sich vorgestellt hat. Wörter, die es hört oder liest, werden sofort in Bilder umgesetzt, nur so kann ein Text verstanden werden. Dabei ist es unwesentlich, ob wir die Bilder tatsächlich mit den Augen sehen oder ob sie vom Unbewußten produziert wurden. Das Unbewußte kann, kurz gesagt, die Wirklichkeit von der Vorstellung nicht unterscheiden, das kann nur das Bewußte. Deshalb ist für das Unbewußte nicht wichtig, ob etwas wirklich oder in der Vorstellung geschieht, es reagiert so, als ob es wirklich wäre. Genau dies nutzen wir im Autogenen Training. Wir sprechen mit dem Unbewußten mittels speziell formulierter Suggestionen, und das Unbewußte veranlaßt das, was wir uns wünschen. Diese Suggestionen nennen wir Leitsätze.

[1] Vorstellungskraft, Imagination und Visualisation werden hier gleichbedeutend verwendet, obwohl diese Wörter nicht ganz deckungsgleich sind.

Der Pendelversuch

Für den Pendelversuch brauchen Sie einen kleinen Gegenstand, den Sie an eine Schnur binden, zum Beispiel einen Schlüssel. Das andere Ende der Schnur binden Sie zu einer kleinen Schlaufe, die Sie über den Mittelfinger oder den Zeigefinger einer Hand streifen. Sie können die Schnur auch an einem kleinen Stock befestigen; der Effekt wird so noch eindrücklicher. Stellen Sie den Ellbogen des Armes auf eine feste Unterlage, einen Tisch oder das Knie, und lassen Sie die Hand mit dem Pendel ganz locker hängen. Nun stellen Sie sich vor – Sie können es sich auch vorsprechen –, daß das Pendel hin- und herschwingt: hin – her – hin – her. Dabei sollten Sie die Hand natürlich ganz ruhig halten, so daß wirklich keine Schwingung von der Hand auf das Pendel übertragen wird. Nach kurzer Zeit wird das Pendel wie von selbst anfangen hin- und herzuschwingen. (Wenn Sie nichts Derartiges feststellen können, bedeutet das übrigens überhaupt nichts. Der Versuch ist ja nicht Autogenes Training, sondern soll nur aufzeigen, wie es funktioniert, und er zeigt auch nicht an, ob man für Autogenes Training talentiert ist oder nicht. Auch dort spielt es nämlich keine Rolle, ob man etwas spürt oder nicht.)

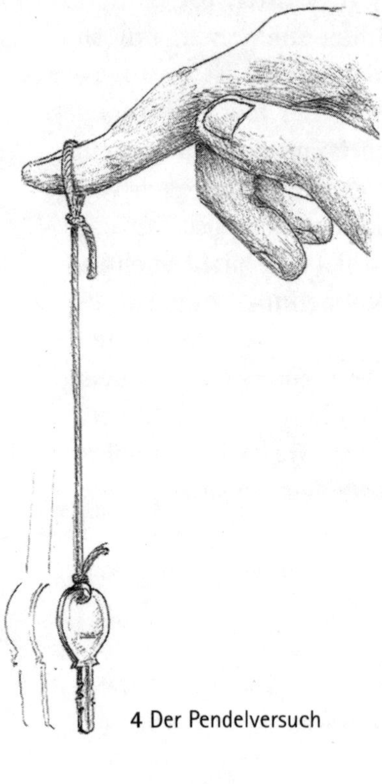

4 Der Pendelversuch

Wenn es so schön hin- und herschwingt, können wir die Richtung ändern und sagen, es solle kreisen – kreisen – kreisen, und schon wird es anfangen, Kreise zu beschreiben, obwohl wir bewußt die Hand ganz still halten. Wir können das Pendel auch dazu bewegen, vorwärts und rückwärts zu schwingen, indem wir sagen, das Pendel schwinge vor – zurück – vor – zurück. Schließlich können wir das Pendel auch anhalten lassen, wenn wir sagen: Das Pendel steht still – steht still – steht still – steht ...

Auch dieser Versuch löst bei den meisten Leuten großes Erstaunen aus. Aber denken Sie bitte daran: Dieses Pendel hat nichts mit dem esoterischen Hilfsmittel zu tun, das für okkulte Zwecke verwendet wird. So wenig, wie das Autogene Training irgendetwas mit Esoterik zu tun hat.

Was geschieht denn da eigentlich? Durch die Vorstellungskraft werden kleinste, feinste Muskelfasern im Finger bewegt, die das Pendel in Schwingung versetzen. Diese feinen Muskelfasern könnten wir willentlich gar nicht beeinflussen, mit dem Willen können wir nur ganze Muskelpakete bewegen. Über die Vorstellung, und damit über das Unbewußte, vermögen wir jedoch auch einzelne Muskelfasern zu bewegen. Auch das ist eine Erklärung dazu, wie das Autogene Training funktioniert.

Wenn Sie beim Zitronen- oder beim Pendelversuch nicht erfolgreich waren, sagt das nichts über das Autogene Training aus. Im Gegenteil – offenbar sind Sie von außen schwer beeinflußbar. Aber im Autogenen Training beeinflussen Sie sich ja selbst!

Die Wirkungen des Autogenen Trainings

Bisher war viel die Rede davon, wie das Autogene Training funktioniert und was dabei körperlich und geistig abläuft; dabei sind verschiedene Begriffe erklärt worden. Was aber läßt sich mit dem Autogenen Training erreichen? Welche Erwartungen können erfüllt werden?

Zunächst einmal sollte man vom Autogenen Training gar nichts erwarten. Es geht in erster Linie darum, die *Technik* dieses Trainings zu erlernen. Erst wer diese Technik beherrscht, kann berechtigte Hoffnungen hegen, bestimmte Wirkungen zu erzielen. Das Erlernen und Einüben dauert bei Kindern etwa zwei bis drei Monate, bei Erwachsenen vier bis sechs Monate regelmäßigen Trainings. Dabei ist es empfehlenswert, daß man während dieser Lernphase kompetent begleitet wird, so daß auftretende Schwierigkeiten, Fragen und Unsicherheiten zur Sprache gebracht werden können. Oft treten erstaunliche Wirkungen schon nach wenigen Lektionen ein, erwarten darf man sie aber erst gegen Ende eines Kurses.

Ein Beispiel

Vor einigen Jahren hatte ich eine Kursteilnehmerin, die seit über dreißig Jahren an einer massiven Verdauungsstörung litt. Diese Störung wirkte sich so aus, daß die Frau regelmäßig, wenn sie und ihre Familie ausgehen wollten, kurz vor dem Weggehen – oft bereits schon in Hut und Mantel – noch zur Toilette mußte und da längere Zeit sitzen blieb. Dies nervte sie und ihre Familie gleichermaßen, und sie war schon bei unzähligen Ärzten gewesen, die ihr nicht hatten helfen können. Doch bereits am dritten Kursabend konnte sie strahlend erzählen, sie habe ihr Darmproblem unter Kontrolle. Das Autogene Training reguliert schon sehr bald die Verdauung, und so trat ihr Toilettendrang erst auf, als sie bereits im Auto saß. Da sie hier ihrem Drang natürlich nicht nachgeben wollte, erfand sie sogleich einen Leitsatz: **Darm ganz ruhig.** Der Darm beruhigte sich tatsächlich, und sie hatte mit diesen drei kleinen Wörtern Kontrolle über ihr Problem erlangt. An den folgenden Kursabenden fanden wir allmählich heraus, woher das Problem stammte: Nach der Geburt ihres dritten Kindes hatte ein Arzt zu ihr gesagt: »Sie mit Ihrem Darm – da werden Sie immer Schwierigkeiten haben!« Und damit hatte sie ihr Problem intus, weil ein »Halbgott in Weiß« ihr das gesagt – befohlen – hatte; in einer solchen Situation ist die Suggestibilität sowieso stark erhöht. Im Autogenen Training ist dies ebenfalls der Fall, und deshalb konnte sie das Problem selbst mit wenigen Worten beheben – aber dazwischen lag eine dreißigjährige Leidenszeit. Durch das Gespräch im Kurs wurde ihr dieser Zusammenhang bewußt, und sie konnte diese Fixierung auflösen.

Solche Geschichten zeigen auf, wie ein schnell dahingesagter, oft unüberlegter Satz Schaden über Jahre anrichten kann. Gerade das Machtgefälle Arzt – Patient ist mitunter riesig, besonders wenn die Patienten körperlich oder psychisch krank und angeschlagen im Bett liegen. So gehen die Reden des Arztes oft auf direktestem Wege ins Unbewußte des Patienten, wo sie ungestört und unerkannt ihre Wirkungen entfalten können. Ähnlich ist es, wenn jemand unter Narkose operiert werden muß. Man weiß heute, daß das Unbewußte auch bei Vollnarkose nicht ausgeschaltet ist und schläft, sondern es hört mit, was während der Operation gesprochen wird. Je nachdem, was wie gesagt wird, wird der Heilungsverlauf später positiv oder negativ beeinflußt. Aussagen wie: »Das sieht schlimm aus!« können eine verheerende Wirkung auf den Patienten haben.

Wir dürfen dem Unbewußten deswegen keinen Vorwurf machen. Es kann nicht denken wie das Bewußte, es vermag nicht zu unterscheiden, was für den Organismus gut und was schlecht ist. Es kann nicht entscheiden, ob es einen Befehl ausführen will oder nicht. Es tut einfach, was man ihm sagt. Deshalb ist es so enorm wichtig, die Suggestionen, die an das Unbewußte gerichtet sind, ganz sorgfältig zu formulieren.

Die obenstehende Geschichte zeigt, daß manchmal schon sehr rasch positive Wirkungen auftreten können. Erwarten dürfen Sie solche Wirkungen aber erst gegen Ende des vier- bis sechsmonatigen Kurses.

In rein körperlicher Hinsicht kann das regelmäßige Autogene Training Folgendes bewirken:

- Verbesserung der Magen-Darm-Funktion
- Verbesserung der Durchblutung
- Verbesserung der Atmung
- Verbesserung der körperlichen Leistung
- Regulierung der Drüsentätigkeit
- Regenerierung und Erholung des gesamten Nervensystems
- Erhöhung der Widerstandskraft gegen Krankheiten
- Verbesserung der Erholungsfähigkeit

In seelisch-geistiger Hinsicht kann das Autogene Training mittels der Bildung von Leitsätzen unter anderem gegen Folgendes eingesetzt werden:

- (Ein-)Schlafstörungen
- Ängste, Komplexe, Hemmungen
- Gedächtnisschwäche, Konzentrationsstörungen und -schwierigkeiten
- Kopfschmerzen, Migräne

Das Autogene Training wurde schon vielfach wissenschaftlich untersucht, es gibt Tausende von Abhandlungen darüber. Die Auswirkungen auf Psyche und Körper bei richtiger Anwendung sind belegt (siehe dazu auch die Literaturliste am Schluß des Buches, die einige der wichtigsten Werke über Autogenes Training enthält).

Die Oberstufe des Autogenen Trainings

Dieser Begriff taucht in der Literatur immer wieder auf. Er impliziert, daß es nach dem Erlernen des Autogenen Trainings einen Fortsetzungskurs gibt, bei dem man noch mehr, weitere Übungen lernen kann. Dies ist nicht der Fall. Wenn Sie einen Kurs absolviert haben, gibt es nichts mehr Neues oder Weiterführendes über Autogenes Training zu lernen. Sie haben gelernt, das Autogene Training zuverlässig einzusetzen, und mittels Leitsätzen können Sie Einfluß nehmen auf bestimmte Verhaltensweisen oder Gegebenheiten, die Sie ändern wollen. In diesem Sinne gibt es keine Fortsetzung, und eine Auffrischung ist nicht unbedingt nötig. Wenn Sie das Autogene Training einmal gründlich erlernt haben, können Sie es nicht mehr verlernen oder vergessen.

Die »Oberstufe des Autogenen Trainings« bezeichnet etwas ganz anderes. Es ist eine Art Psychotherapie, bei der unbewußte Persönlichkeitsanteile bewußt gemacht werden können. Dazu braucht es einen Therapeuten, der mittels geführten meditativen Traumreisen oder Hypnoseinduktionen die Kursgruppe in bestimmte Situationen führt, welche in entspanntem Zustand, aber völlig konzentriert erlebt werden. Dieser entspannte Zustand muß zuerst erlernt werden – das ist das Autogene Training. Wer das nicht beherrscht, schläft bei solchen Traumreisen schnell ein oder schweift ab und hat nichts davon. Nach den Traumreisen wird das Erlebte besprochen und ausgetauscht, was ein sehr wichtiger Bestandteil der Oberstufenübungen ist, weil es der Verarbeitung des Erlebten dient.

Ihre Notizen

Am Ende jeden Kapitels ist Platz ausgespart, wo Sie Ihre persönlichen Notizen, Fragen, Feststellungen und so weiter eintragen können.

2 Die Stellungen des Autogenen Trainings

Zunächst üben wir das Autogene Training in einigen bestimmten Stellungen, die ich im Folgenden beschreiben werde. Später können Sie irgendeine Stellung einnehmen, die für Sie bequem ist.

Es ist sehr wichtig, daß Sie Stellungen lernen, die Sie jederzeit und überall anwenden können. Machen Sie sich nicht abhängig von irgendwelchen Äußerlichkeiten – es ist nicht nötig, daß man ein weiches Bett und leise Musik hat oder sogar das beruhigende Plätschern eines Baches. Man kann das Autogene Training ebensogut in einer lärmigen Fabrikhalle, im Büro, in Zug oder Bus, auf der Toilette, auf einem Bänklein am See oder im Wald machen. Wenn Sie es aber nur im Liegen lernen, werden Sie es nicht überall anwenden können, denn Sie haben nicht immer Ihr Bett dabei. Deshalb sollten Sie das Autogene Training im Sitzen ohne Lehne erlernen und zunächst mindestens einmal täglich so üben. Im Liegen oder im bequemen Lehnstuhl ist es natürlich einfacher, und auch so dürfen Sie trainieren. Mit der Sitzhaltung ohne Lehne machen Sie sich aber in jeder Hinsicht unabhängig.

Die Droschkenkutscherhaltung

Die Unabhängigkeit beim Autogenen Training war bereits für den Begründer, Professor Schultz, sehr wichtig. Er suchte deshalb nach einer Sitzhaltung, die relativ bequem und sicher ist. Anfang des zwanzigsten Jahrhunderts gab es erst wenige Autos, dafür jedoch viele von Pferden gezogene Kutschen. Das, was für uns heute Taxis sind, waren damals die Droschken. Spätabends beobachtete Schultz, wie diese Droschken von den Pferden heimgezogen wurden, und hoch oben auf dem schwankenden Kutschbock saß der Kutscher, halb schlafend, und fiel nicht herunter. Schultz sagte sich, daß dies auch eine ideale Haltung für das Autogene Training sein könnte, und hatte somit die sogenannte Droschkenkutscherhaltung gefunden. Befolgen Sie die Anweisungen Schritt für Schritt, und Sie lernen diese Haltung zuverlässig.

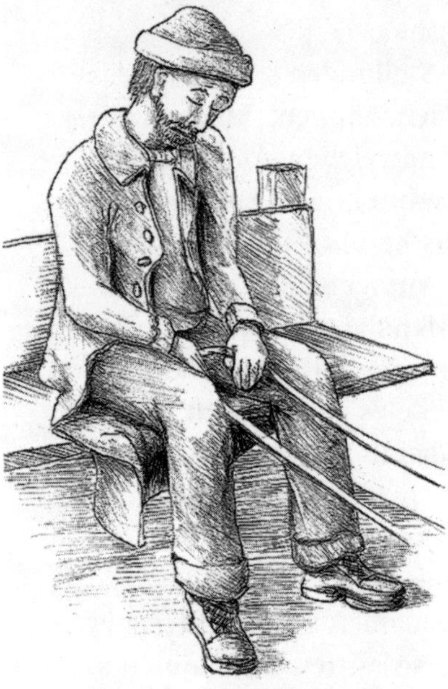

5 Der Droschkenkutscher

- Setzen Sie sich auf einen Hocker oder etwa in die Mitte eines Stuhles mit Lehne. Oberschenkel und Unterschenkel sollen etwa im rechten Winkel zueinander stehen. Die Füße stehen leicht gespreizt vollständig auf dem Boden (Abb. 6).

- Atmen Sie einige Male tief ein, spannen Sie den Körper an, rollen Sie die Schultern und lassen Sie dann die Luft hinaus, indem Sie senkrecht in sich zusammenfallen. Die Arme hängen seitlich herunter. Die Schultern befinden sich senkrecht über dem Becken (Abb. 7).

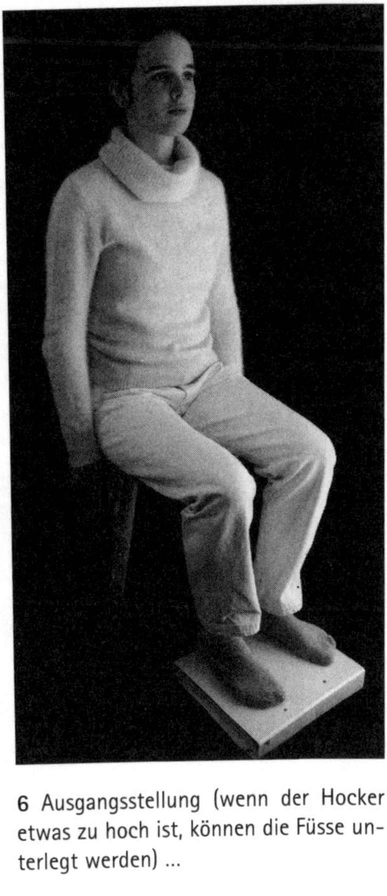

6 Ausgangsstellung (wenn der Hocker etwas zu hoch ist, können die Füsse unterlegt werden) ...

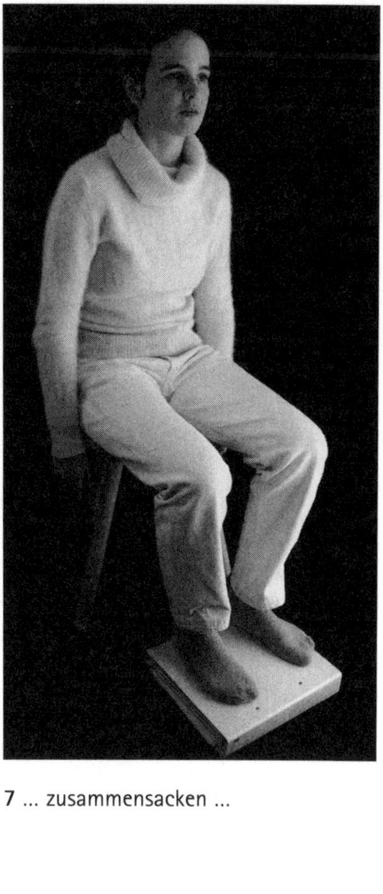

7 ... zusammensacken ...

- Legen Sie jetzt die Arme locker auf die Oberschenkel, neigen Sie den Kopf ein wenig und schließen Sie die Augen (Abb. 8 und 9).

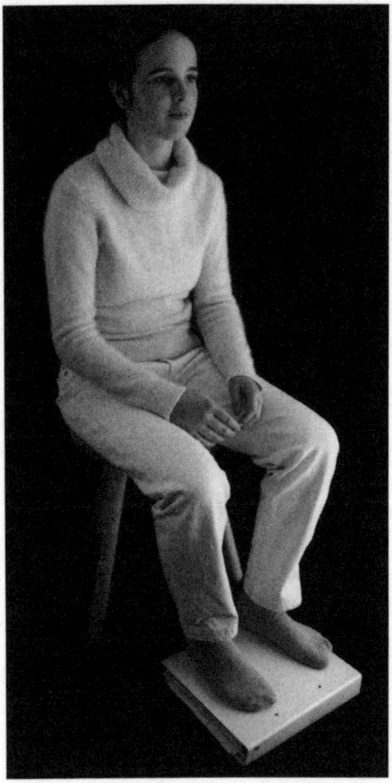

8 ... Arme locker auf die Oberschenkel legen ...

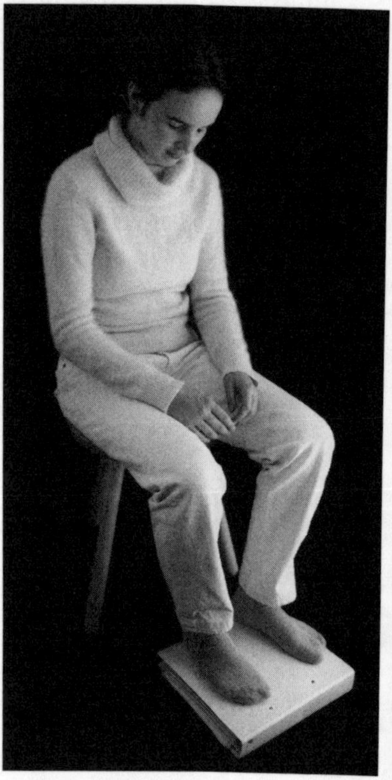

9 ... Kopf neigen und die Augen schließen: die Droschkenkutscherhaltung

Je genauer Sie anfänglich auf diese Haltung achten, desto zuverlässiger werden Sie das Autogene Training erlernen. Später wird Ihnen das Üben in jeder Sitzhaltung gelingen.

Allerdings gibt es Menschen, denen die Droschkenkutscherhaltung Schmerzen verursacht, vor allem wenn sie unter Rückenproblemen leiden. Wenn Sie zu diesen gehören, versuchen Sie trotzdem eine Zeitlang, in dieser Stellung zu trainieren, bringen Sie es aber im Kurs zur Sprache. Handeln Sie nicht so wie ein Kursteilnehmer vor einigen Jahren, der nie irgendeine Wirkung des Autogenen Trainings spürte und erst am zweitletzten Kursabend gestand, er finde diese Sitzhaltung ausgesprochen unbequem.

Fehler bei der Droschkenkutscherhaltung müssen sorgfältig vermieden werden:

- Das Anlehnen an der Stuhllehne bewirkt ein reflektorisches Anspannen der Bauchmuskulatur; das vollständige Lösen der Muskulatur ist nicht mehr gewährleistet.

10 Fehlhaltung:
Der Winkel zwischen Ober- und Unterschenkel ist größer als 90°: die Stuhlkante drückt gegen den Oberschenkel.

11 Fehlhaltung:
Der Winkel zwischen Ober- und Unterschenkel ist viel zu groß, die Füße sind überkreuzt: die Stuhlkante drückt gegen den Oberschenkel, und die Balance ist schwierig zu halten.

- Das Aufstützen der Unterarme auf den Oberschenkeln bewirkt eine Spannung im Rücken und einen Druck auf den Oberschenkeln. Auch hier ist eine vollständige Entspannung nicht möglich (Abb. 12).

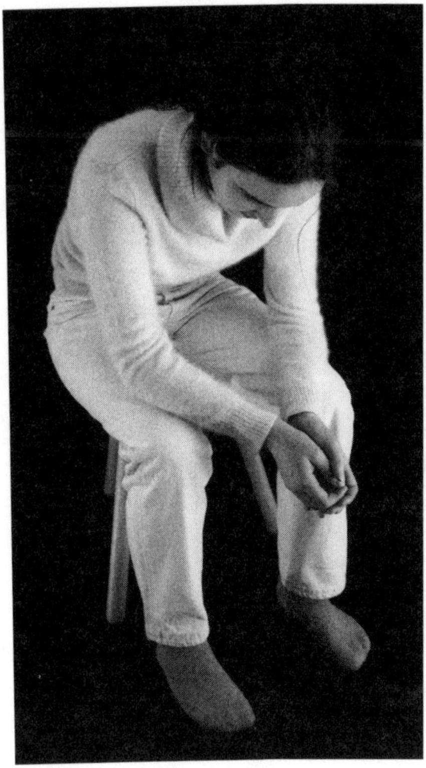

12 Eine sehr häufige Fehlhaltung: Die Arme und somit auch der Oberkörper stützen sich auf die Oberschenkel. Eine optimale Entspannung ist nicht möglich.

Versuchen Sie, die Wirbelsäule ohne Muskelkraft lokker zu balancieren.

Wenn das Autogene Training richtig eintrainiert ist, also nach einigen Monaten, wird die Körperhaltung immer unwichtiger, weil sich die Wirkungen der Übungen und Leitsätze in jeder Stellung einfach abrufen lassen.

Die Lehnsesselhaltung

Diese Haltung ist natürlich bequemer. Sie setzen sich in Ihren Lieblingslehnstuhl, die Arme und Hände auf den Armlehnen oder im Schoß. Die Füße stehen auch hier flach auf dem Boden. Legen Sie sie nicht auf einen Fußhocker oder auf den Tisch, dies bewirkt Spannungen in den Kniekehlen. Legen Sie den Kopf auf die Rückenlehne, und schließen Sie die Augen. Dies ist eine sehr bequeme und entspannende Haltung, bei der Sie gut trainieren können (Abb. 13).

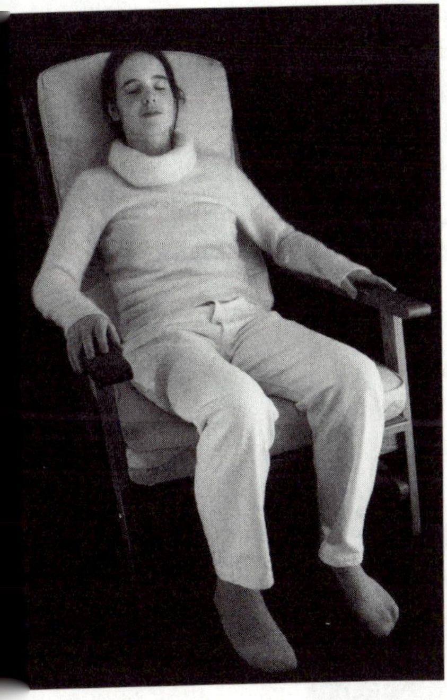

13 Korrekte Lehnsesselhaltung. Die Hände können auch in den Schoß gelegt werden.

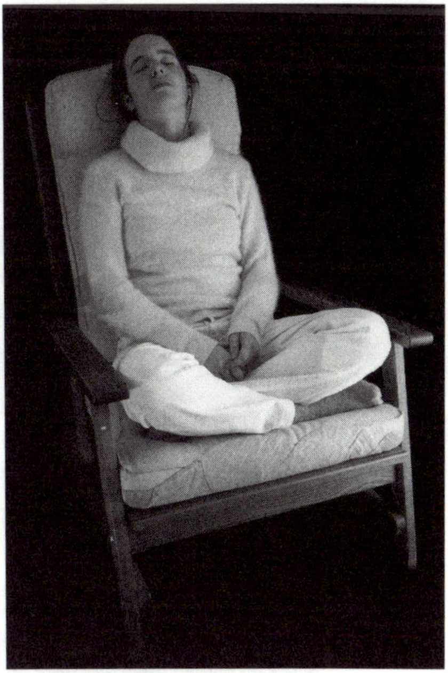

14 Falsche Lehnsesselhaltung. Der Blut- und Energiefluß wird abgeklemmt. Schmerzen können auftreten, und eine optimale Entspannung ist nicht mehr möglich.

Die Sitzhaltung am Tisch

Klemmen Sie sich zwischen Lehne und Tischkante leicht ein, und legen Sie die Arme auf den Tisch. Die Hände liegen locker geöffnet mit den Handflächen nach unten auf dem Tisch, die Fingerkuppen auf der Tischfläche. Der Kopf ist leicht geneigt, und die Augen sind geschlossen (Abb.15).

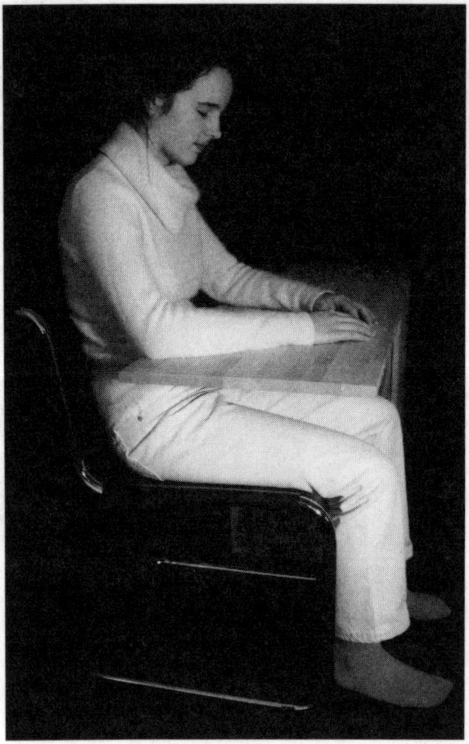

15
Die Sitzhaltung am Tisch

Die Liegehaltung

Beim Liegen, zum Beispiel abends im Bett, beachten Sie bitte die folgenden Hinweise: In der Rückenlage gelingt das Autogene Training zunächst am besten; diese Lage ist für die meisten Menschen die entspannendste aller Haltungen für das Autogene Training. Die Arme und Hände liegen neben dem Körper, die Füße fallen locker auseinander. Verwenden Sie allenfalls zwei Rollen unter Knie und Nacken, um jegliche Anspannungen zu eliminieren (Abb. 16 und 17).

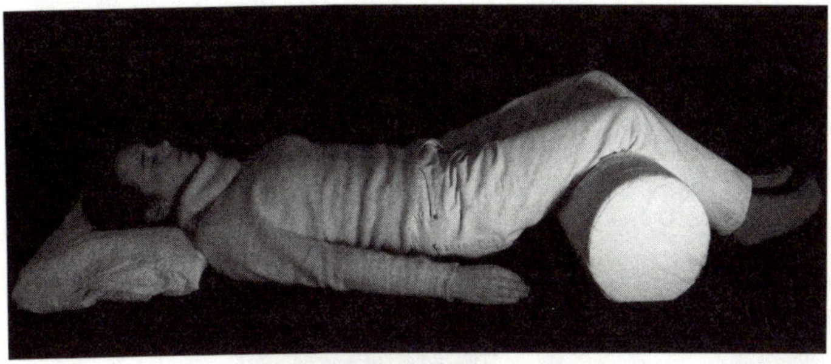

16 Die Liegehaltung mit einer Rolle unter den Knien

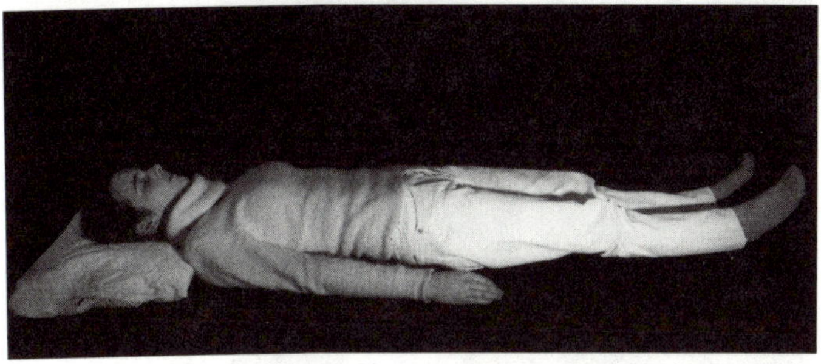

17 Liegehaltung ohne Rolle: Dies kann Spannungen in den Kniekehlen und im Kreuz bewirken.

Die Königshaltung

Die Königshaltung ist eine weitere Sitzhaltung, bei der Sie keine Rückenlehne benötigen. Sie ist ganz ähnlich wie die Droschkenkutscherhaltung; der Unterschied besteht lediglich darin, daß Sie den Rücken gerade halten. Der Kopf ist leicht geneigt, so daß der Scheitelpunkt die oberste Stelle des Körpers bildet. Diese Haltung eignet sich für Menschen, die Mühe haben mit der Droschkenkutscherhaltung, weil sie ihnen Schmerzen bereitet. Die Königshaltung ist besonders zu empfehlen, wenn Sie meditieren wollen (Abb. 18 und 19).

18 Die Königshaltung

Das Variieren der Stellungen

Nehmen Sie immer wieder andere Stellungen ein, und machen Sie das Autogene Training nicht immer am selben Ort und zur selben Zeit. Machen Sie sich möglichst unabhängig von äußeren Gegebenheiten, so daß Sie mit der Zeit überall und jederzeit autogen trainieren können. Gegen Ende des Kurses werden Sie feststellen, daß es nicht mehr wichtig ist, in welcher Haltung Sie trainieren – jede halbwegs bequeme Haltung funktioniert. Sie werden sogar im Stehen und Gehen trainieren kön-

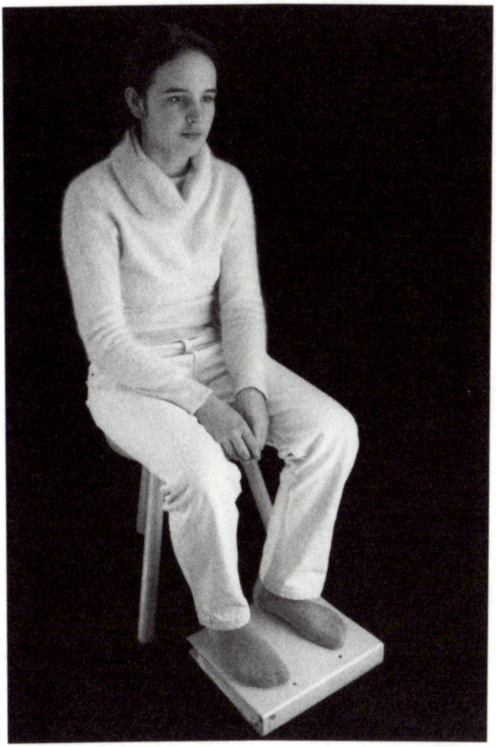

19 Meditierende können die Augen leicht geöffnet halten. Der Blick ist entspannt auf einen Punkt etwa zwei Meter weiter vorn auf den Boden gerichtet.

nen. Während der ersten paar Monate jedoch ist es wichtig, daß Sie vor allem immer wieder in der Droschkenkutscherhaltung trainieren, denn diese Stellung ist am besten dazu geeignet, Sie im Autogenen Training unabhängig zu machen.

Ihre Notizen

3 Abschluß und Häufigkeit der Übungen

Das Zurücknehmen

Bis jetzt haben Sie gelernt, wie Sie sich im Autogenen Training in einen andern Bewußtseinszustand versetzen können, was durch das Training ausgelöst wird und was mit Körper, Geist und Psyche in dieser Zeit geschieht. Dieser Vorgang wird *organismische* oder *vegetative Gesamtumschaltung* genannt. Diese Gesamtumschaltung vom Sympathikus auf den Parasympathikus bewirkt unter anderem Folgendes:

- Abnahme des Muskeltonus
- Beruhigung des Herzrhythmus
- Erweiterung der Blutgefäße
- Veränderung der Atmung
- Abnahme des Blutdrucks
- Veränderung der Hauttemperatur
- Anregung der Verdauungstätigkeit
- Veränderung der Bewußtseinslage

All diese Veränderungen müssen nach dem Autogenen Training rückgängig gemacht, das heißt zurückgenommen werden, damit wir wieder voll im Wachbewußtsein agieren und reagieren können. Egal, ob Sie etwas gespürt haben oder ob es »etwas genützt« hat, ist es sehr wichtig, nach jedem Autogenen Training gut und gründlich zurückzunehmen! Wenn Sie dies nicht oder ungenügend tun, leidet unter Umständen das Allgemeinbefinden darunter, es verbleibt Schwere und Müdigkeit im Körper, der Blutdruck kann zu tief sein, und Sie leiden unter Schwindel, fühlen sich nicht erfrischt, die Aufmerksamkeit ist beeinträchtigt, ja, vielleicht haben Sie sogar Orientierungsschwierigkeiten. Deshalb müssen Sie nach jedem Autogenen Training unbedingt zurücknehmen. Davon gibt es eine Ausnahme: Wenn Sie abends im Bett trainieren und nachher schlafen möchten, ist es nicht nötig.

Die Rücknahme bewirkt eine Erfrischung des ganzen Organismus, Sie fühlen sich fit und frisch, entspannt, erholt und bereit zu neuen Taten. Das Zurücknehmen ist deshalb ein wichtiger Teil des ganzen Autogenen Trainings. Und so geht die Rücknahme vor sich:

Aus einer Sitzhaltung

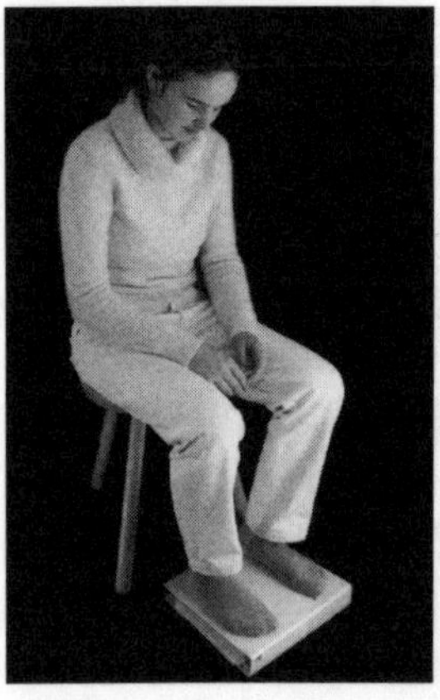

20 Die Droschkenkutscherhaltung ...

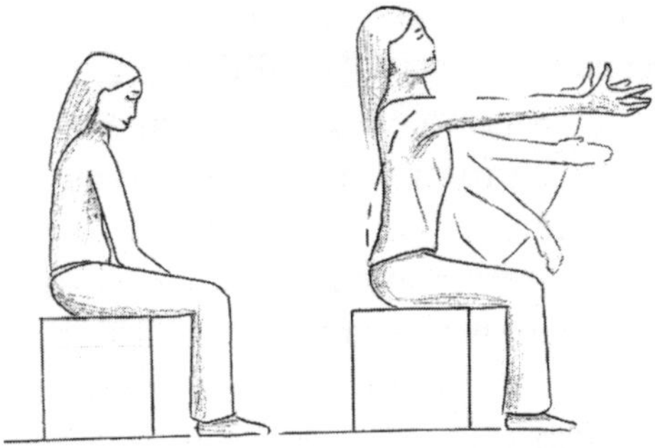

21 ... in der Sie autogen trainieren.

22 Aufrichten und den Rücken strecken, die Arme langsam hochnehmen und die Hände ...

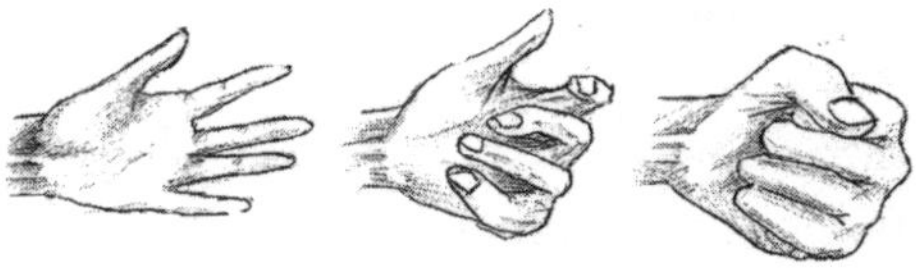

23–25 ... voller Anspannung zu Fäusten ballen.

26 Tief ein- und ausatmen, Hände miteinander energisch vor und zurück schlagen.

27 Arme weg – Hände auf – Augen auf!

28 Hände wegwerfen – Augen auf! Sie sind voll erfrischt und bereit zu neuen Taten.

Sie richten sich auf und strecken den Rücken. Dabei atmen Sie tief ein. Nun strecken Sie die Arme nach vorn und ballen die Fäuste fest. Jetzt schlagen Sie die Arme mit schnellen, ruckartigen Bewegungen mehrmals zurück und wieder nach vorn und atmen dabei tief ein und aus. Zuletzt werfen Sie die Arme nach vorn und öffnen die Hände und die Augen. Wichtig ist, daß Sie dies sehr intensiv und genau machen, damit die Rückumschaltung in den tagaktiven Bereich problemlos vollzogen wird (Abb. 20–28).

Aus der Liegehaltung

Sie können sich aufsetzen, die Füße auf den Boden stellen und dann wie oben geschildert vorgehen, die Augen öffnen Sie erst am Schluß. Oder Sie spannen die Arme direkt aus der Liegehaltung heraus an, ballen Fäuste und schlagen sie vor und zurück. Sie atmen tief ein und aus, setzen sich erst nach dem Zurücknehmen aufrecht hin und stehen auf.

Dazu gibt es Formeln, die Sie sich während des Zurücknehmens denken können:

Arme fest!
Tief atmen!
Augen auf!

Es genügt aber auch, das Zurücknehmen gut und gründlich durchzuführen.

Falls trotzdem ein Rest von Müdigkeit oder Schwindel zurückbleibt, müssen Sie noch intensiver zurücknehmen und allenfalls ein paar Kniebeugen anhängen, so daß der Blutdruck wieder auf eine normale Höhe kommt. Besonders Menschen mit niedrigem Blutdruck müssen ausgesprochen gründlich zurücknehmen. Mit der Zeit wird sich der Blutdruck jedoch dank dem Autogenen Training von selbst normalisieren.

Falls Sie Blutdruckmittel oder andere Medikamente einnehmen müssen, ist es wichtig, daß Sie mit dem Arzt zusammenarbeiten. Sie dürfen auf gar keinen Fall Medikamente eigenmächtig absetzen, auch wenn Sie das Gefühl haben, daß Sie wegen des Autogenen Trainings weniger benötigen. Das Training kann in der Tat eine Veränderung der Medikamentation bewirken, dies müssen Sie aber mit Ihrem Arzt besprechen.

Weiter vorne habe ich angetönt, daß Sie sich möglichst von äußeren Umständen unabhängig machen sollen, damit Sie schließlich das Autogene Training überall und jederzeit durchführen können. Das heißt, Sie sollen das Training auch an öffentlichen Orten, auf einer Parkbank, in Zug und Bus und wo immer sich andere Menschen aufhalten, durchführen können. An solchen Orten ist das Zurücknehmen auf die oben beschriebene Art nicht jedermanns Sache. Hier können Sie sich mit einer Notlösung begnügen: Sie spannen einfach mehrmals hintereinander Arm- und Beinmuskeln sehr intensiv an, lösen sie wieder und atmen tief ein und aus. Das ist von außen kaum beobachtbar. Beim Zurücknehmen sind vor allem die Anspannung der Muskulatur und das tiefe Atmen wichtig. Auch hier öffnen Sie die Augen erst nach Abschluß – dies gewährleistet eine scharfe und genaue Abgrenzung des Autogenen Trainings vom normalen Wachzustand. Denken Sie daran: Immer sehr intensiv und gründlich zurücknehmen, außer abends im Bett!

Der Übungsmodus

Für das Autogene Training benötigen Sie wenig Zeit. Den meisten Menschen kommt dies sehr entgegen, denn viele haben wirklich nur wenig frei verfügbare Zeit, hasten von Termin zu Termin und nehmen sich weder für sich noch für andere Zeit. Das Autogene Training ist geschaffen für solche Menschen, denn der Zeitbedarf ist minimal. Es dauert nicht länger als das Zähneputzen.

Soviel Zeit kann jeder irgendwann einmal im Tagesablauf einsetzen – und das Schöne daran ist, Sie holen sie schnell wieder auf, denn Sie werden nach dem Autogenen Training konzentrierter und effizienter arbeiten können.

Der Übungsmodus lautet:

Dreimal täglich 1 bis 2 Minuten

Suchen Sie sich drei Zeiten täglich, an denen Sie autogen trainieren. Viele Menschen bevorzugen fixe Zeiten, damit sie besser daran denken können, andere trainieren, wenn es ihnen in den Sinn kommt. Das spielt keine Rolle, Hauptsache ist, Sie üben mindestens dreimal täglich, damit die bedingten Reflexe zuverlässig eintrainiert werden. Dreimal pro Tag genügt in der Regel. Es können auch vier oder fünf Übungen sein, aber nicht mehr; das Autogene Training soll in den normalen Tagesablauf integriert werden. Hüten Sie sich davor, zu meinen, je mehr Autogenes Training, desto besser! Wenn Sie zu ehrgeizig sind und zu früh Erfolge erwarten, hindert Sie diese Erwartungshaltung am Erfolg. Setzen Sie Ihren Willen klug und umsichtig ein: Er kann Ihnen helfen, genügend zu trainieren, aber auch dazu dienen, Ihre Erwartungshaltung zu bremsen.

Suchen Sie verschiedene Orte, an denen Sie üben. Es ist wichtig, Orte und Stellungen zu wechseln, so daß Sie sich nicht von bestimmten äußeren Umständen abhängig machen. Geeignete Orte sind überall da zu finden, wo Sie ungestört trainieren können: im Büro, wenn Sie ein paar Minuten allein sein können, auf der Toilette, in der Eisenbahn, wo Sie sich in eine Ecke lehnen und sich hinter dem Mantel verstecken können, in der Wohnung, im Lehnstuhl oder im Bett. Üben Sie immer wieder in verschiedenen Stellungen, und wenigstens einmal täglich in der Droschkenkutscherhaltung.

Anfänglich sollten Sie ungestört üben können. Stellen Sie sicher, daß Sie während des Autogenen Trainings nicht gestört werden. Es ist jedoch nicht nötig, in einem verdunkelten, von Geräuschen abgeschirmten Raum zu trainieren. Sie sollten nur vermeiden, daß Sie persönlich angesprochen werden. Andererseits halten Sie die Verbindung zur Außenwelt über die Ohren offen, so daß Sie das Training wenn nötig jederzeit abbrechen können. Eine Störung spielt weiter keine Rolle, Sie nehmen einfach zurück und gehen zur Tagesordnung über. Das »Störende« daran ist höchstens, daß Sie erschrecken könnten, und das wiederum könnte Angst vor weiteren Störungen auslösen und somit für spätere Trainings hinderlich sein.

Die innere Haltung, in der Sie autogen trainieren, ist sehr wichtig. Ich habe den Zeitbedarf für das Autogene Training oben mit dem Zähneputzen verglichen – auch in bezug auf die innere Haltung gleicht das Training zunächst dem Zähneputzen. Mit welcher Einstellung putzen Sie die Zähne? Natürlich putzen Sie sie gründlich, indem Sie jeden Zahn fegen und schrubben und dabei das Zahnfleisch massieren. Sie putzen auf der Innenseite und außen sowie die Kauflächen. Schließlich entfernen Sie mit der Zahnseide Reste, die sich zwischen den Zähnen festgesetzt haben. Zum Schluß spülen Sie den Mund und haben nun ein erfrischendes Gefühl darin. Sie können sich daran freuen, daß Sie dank der intensiven Zahnreinigung die Zahnarztrechnung zu reduzieren vermögen. Gleichzeitig tun Sie etwas für Ihre Körperhygiene. Da Sie das schon seit Jahr und Tag in immer gleicher Weise tun, müssen Sie den ganzen Bewegungsablauf samt den Vorteilen, die er Ihnen bringt, nicht ständig mitdenken. Sie haben einen Reflex eingebaut, der es Ihnen ermöglicht, die Zähne gründlich zu putzen, ohne permanent daran zu denken, welchen Nutzen diese Handlung bringt.

Diese innere Haltung ist auch beim Autogenen Training von Vorteil. Das Autogene Training ist Psychohygiene. Bitte überlegen Sie nicht jedes Mal, welchen Nutzen Sie aus der einzelnen Übung und insgesamt erzielen werden. So würden Sie nur eine Erwartungshaltung fördern, und diese ist für den Erfolg des Trainings hinderlich.

Anfänglich, also während der ersten zwei bis drei Monate, liegt der Schwerpunkt hauptsächlich auf dem Training, das heißt, Sie trainieren die bedingten Reflexe für Schwere, Wärme und so weiter ein. Dies ist ein intensives Training; es muß körperlich eingeübt werden, nur davon zu lesen oder darüber zu sprechen bringt nichts. Dabei ist es nicht wichtig, ob das einzelne Autogene Training »etwas genützt hat« oder ob Sie »etwas gespürt haben« oder nicht.

Wichtig ist hingegen, daß Sie mindestens dreimal

täglich trainieren, denn je öfter Sie das tun, desto zuverlässiger bauen Sie die Schalter für die vegetative Gesamtumschaltung ein. Nur wer genügend trainiert, kann am Schluß des Kurses erwarten, daß er das Autogene Training beherrscht. Für den Erfolg ist zunächst lediglich eines maßgebend: daß Sie trainieren. Ob Sie etwas spüren oder nicht, spielt keine Rolle. Wichtig ist nur, daß Sie eine der oben besprochenen Stellungen einnehmen, die Formeln denken, welche in den kommenden Kapiteln eingeführt werden, und schließlich gut und gründlich zurücknehmen. Das reicht.

Ihre Notizen

4 Die Schwereübung

Nachdem Sie bereits vieles über das Autogene Training gelernt haben – wie es funktioniert, was es auslöst, die Haltungen usw. –, ist es an der Zeit, zu besprechen, was während der Übungen gedacht werden soll.

Anfänglich sollten Sie sich alles Beengenden entledigen: Lösen Sie Gurt, Krawatte und Schuhe, legen Sie die Brille ab, und nehmen Sie dann eine der im Kapitel »Stellungen des Autogenen Trainings« beschriebenen Haltungen ein. Sie schließen die Augen und denken sich die folgenden Übungsformeln:

Bei Rechtshändern:

Der rechte Arm ist ganz schwer

Bei Linkshändern:

Der linke Arm ist ganz schwer

Diese Formel denken Sie sich einige Male. Dazu kommt einmal der Satz:

Ich bin ganz ruhig

Jetzt denken Sie sich wieder einige Male den ersten Satz:

Der rechte (linke) Arm ist ganz schwer.

Wenn Sie sich bis dahin gut konzentrieren konnten, können Sie eine weitere Phase **Ich bin ganz ruhig. Der rechte (linke) Arm ist ganz schwer** anhängen.

Als nächstes: gut und gründlich zurücknehmen, wie es auf den Seiten 57 bis 61 beschrieben worden ist.

Die Formeln denken

Die meisten Menschen *denken* die obengenannten Formeln; ganz wenige ziehen es vor, diese Formeln leise vor sich hin zu sprechen (siehe auch S. 170). Es ist nicht wichtig, wie viele Male Sie die Schwereformel denken. Versuchen Sie, sich nur darauf zu konzentrieren und nichts anderes zu denken. Zwischendurch denken Sie einmal die Ruheformel, dann gehen Sie wieder zur Schwereformel über. Bei guter Konzentration hängen Sie nochmals eine Ruheformel und noch einige Male die Schwereformel an.

Sie können die Übung mit der Ruheformel oder mit der Schwereformel abschließen, das spielt keine Rolle. Wichtig ist hingegen, daß Sie ganz am Schluß zurücknehmen, um die autogene Umschaltung rückgängig zu machen. Die Formel dazu lautet:

Arme fest – tief atmen – Augen auf!

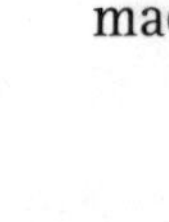

Diese Formel müssen Sie sich nicht unbedingt denken, Hauptsache, Sie vollziehen die Zurücknahme sehr intensiv und gründlich.

Anzahl der Wiederholungen

Wie oft Sie die einzelnen Formeln denken, ist unerheblich. Die richtige Anzahl liegt im wesentlichen in Ihrer Konzentrationsfähigkeit sowie Ihrem Rhythmus und Ihren Vorlieben begründet.

In der Literatur wird oft von einer bestimmten Anzahl Wiederholungen ausgegangen: Der Schweresatz sei sechsmal zu wiederholen, bevor der Ruhesatz an die Reihe kommt. Einige Bücher empfehlen noch dazu, den andern Arm sowie das rechte und das linke Bein in gleicher Weise zu bedenken. Dabei werden zwei Dinge außer acht gelassen:

Erstens: Das Autogene Training wird oft erlernt, um die Konzentrationsfähigkeit zu verbessern. Wenn man einen bestimmten Satz sechsmal hintereinander denken soll, ist das für viele Menschen wegen mangelnder Konzentrationsfähigkeit ein fast unmögliches Unterfangen. Die meisten schweifen ab, kommen aus dem Rhythmus und regen sich auf, daß sie diesen einfachen Satz nicht sechsmal hintereinander denken können. Man darf nicht zum vorneherein voraussetzen, was man eigentlich lernen sollte! So entsteht nur ein Mißerfolgserlebnis, und man könnte meinen, man sei nicht fähig, das Autogene Training zu erlernen.

Zweitens: Es ist nicht nötig, den andern Arm oder gar die Beine mit der Schwereformel zu bedenken. Wir trainieren nur mit dem einen Arm, weil es für die meisten Menschen zunächst nicht möglich ist, sich auf den ganzen Körper zu konzentrieren. Zudem wird sich das Schweregefühl mit der Zeit auf den ganzen Körper ausdehnen, ohne daß man sich die Extremitäten einzeln vorstellen muß.

Der rechte oder linke Arm

Die meisten Menschen üben zunächst mit dem rechten Arm. Wir konzentrieren uns auf einen einzigen Körperteil, weil dies wesentlich einfacher ist, als sich gleich auf den ganzen Körper konzentrieren zu müssen. Manchmal ist es sogar hilfreich, nur mit der Hand oder dem Unterarm zu trainieren, weil der ganze Arm anfänglich immer noch zu groß erscheint. Mit der Zeit wird sich das Schweregefühl auf den andern Arm, auf die Beine und den ganzen Körper ausdehnen. Diesen Vorgang nennen wir *generalisieren.* Manche Menschen spüren die Schwere eher mit dem linken Arm. Dies sind vor allem Linkshänder, die von Beginn an mit dem linken Arm trainieren sollen. Wir wählen den rechten bzw. den linken Arm, weil dieser Körperteil uns psychisch am nächsten steht. Er ist der wichtigste Körperteil, weil wir mit dieser Hand schreiben, was in unserer Lebensweise wichtig ist. Ein Fußballer beispielsweise beginnt vielleicht besser mit dem rechten oder dem linken Bein, weil dieser Körperteil für ihn von großer Bedeutung ist.

Wenn nicht der Arm auf die Formel reagiert, den unsere Händigkeit vermuten läßt, so kann dies verschiedene Gründe haben. Hinweise dazu finden Sie auf Seite 83.

Die Formulierung in der Gegenwart

Die Formeln heißen:

Der rechte (linke) Arm ist ganz schwer
Ich bin ganz ruhig

Der Satz **Ich bin ganz ruhig** mag für einige zynisch klingen, denn gerade um diese Ruhe zu erlangen, möchten sie das Autogene Training erlernen. Im Moment sind sie keineswegs ruhig, und sie können sich nicht vorstellen, daß ein solcher Satz, den sie wie eine Lüge gegenüber sich selbst empfinden, etwas Positives bewirken soll. Natürlich soll man sich nicht anlügen, auch nicht im Autogenen Training. Deshalb wäre für diese Menschen vielleicht ein Satz wie: »Ich möchte einmal ruhiger sein«, »Ich möchte die innere Ruhe erlernen« oder »Ich will nicht mehr so nervös sein« viel mehr der Wirklichkeit entsprechend. Im Autogenen Training geht es aber um Folgendes: Das Unbewußte weiß von selbst, was Ruhe bedeutet, auch wenn Sie im Moment nervös sind. Für das Unbewußte ist die Ruhe ein Zustand, den es kennt. Im Autogenen Training soll dieses Gefühl aktiviert oder wieder aktiviert werden, wenn es in den letzten hektischen Jahren verlorengegangen ist. Zudem soll ein bedingter Reflex, ein Schalter eintrainiert werden. Der Satz **Ich bin ganz ruhig** enthält eine Zielvorgabe – das Unbewußte ist dazu angehalten, dies zu erreichen. Damit es den Auftrag verstehen kann, muß der Satz klar, einfach und positiv sein. Da das Unbewußte nur mit Bildern etwas anfangen und nur in Bildern denken kann, vermag es solche Feinheiten wie Gegenwart, Vergangenheit und Zukunft nicht zu unterscheiden. Für das Unbewußte ist alles Gegenwart. Deshalb muß der Satz in der Gegenwart formuliert sein; andere Zeitformen schwächen ihn ab.

Dasselbe gilt für den Schweresatz. Wenn sich kein Schweregefühl einstellen will, kann die Ursache dafür sein, daß der Übende »Der rechte (linke) Arm *wird* ganz schwer« denkt. Diese Formel drückt die Erwartung aus, das Gefühl im Arm werde sich ändern. Diese Haltung kann die Realisierung des Schweregefühls verhindern. Es wird etwas erwartet, das schon da ist: Der Arm *ist* bereits schwer, er hat ein spürbares Gewicht. Das Schweregefühl soll *realisiert werden.* Die Erwartungshaltung geht jedoch am Ziel der Realisierung des Schweregefühls vorbei.

Was heißt das Wort »realisieren« eigentlich? Im Grunde genommen hat es zwei Bedeutungen, die uns helfen können, den Vorgang, der im Autogenen Training abläuft, zu verstehen.

Realisieren heißt:

a) bemerken, gewahr werden, feststellen
b) Realität, Wirklichkeit werden lassen

Ich bemerke, realisiere also, daß der rechte (linke) Arm schwer ist, und lasse gleichzeitig die Vorstellung der Schwere Realität werden.

Der Arm hat wirklich ein reales Gewicht. Legen Sie ihn einmal auf eine Waage, ohne darauf zu drücken. Sie werden sehen, daß er einige Kilos wiegt. Im Autogenen Training geht es darum, daß Sie diese vorhandene Schwere realisieren, das heißt, dieses Gewichtes gewahr werden, es bemerken. Dies erreichen Sie, indem Sie feststellen, daß der Arm mit einem gewissen Druck auf einer Unterlage aufliegt, oder Sie bemerken das Eigengewicht des Armes im Arm selbst. Dieses Gefühl der Schwere kann im Oberarm, im Unterarm, in der Hand, in einzelnen Fingern oder sogar nur im Ellbogen auftreten. Wichtig ist lediglich, daß Sie die bereits vorhandene Schwere im Arm – ganz oder teilweise – spüren.

Die Realisierung der Schwere

Das Gefühl der Schwere ist für Sie bestimmt nichts Neues. Sie wissen, wie es ist, morgens am liebsten liegenzubleiben, weil man sich so wohlig schwer anfühlt, daß man sich kaum bewegen kann. Oder Sie kennen das Gefühl schwerer Beine nach einer langen Wanderung. Vielleicht haben Sie schon einmal versucht, einen Bewußtlosen aufzuheben? Dazu braucht es mehrere Leute. Der bewußtlose Körper fühlt sich so schwer an, weil er vollkommen gelöst, schlaff und entspannt ist. Zu kleinen Kindern sagt man manchmal: »Mach dich nicht so schwer!« Auch sie haben noch die Fähigkeit, sich total zu entspannen. Jeder von uns weiß mehr oder weniger genau, wie schwer er ist. Manchmal ist dies problematisch für uns, oft aber auch nicht. Wir wissen, worauf diese Schwere zurückzuführen ist: auf die Anziehung der Erde, die Schwerkraft. Auf dem Mond hät-

29 Das Gewicht auf dem Mond

ten wir einen Sechstel unseres Gewichtes auf der Erde, weil der Mond kleiner als die Erde ist. Die Schwere unseres Körpers ist eine Erfahrung, die wir immer wieder, täglich machen. Wir können nur aufrecht gehen, weil wir unseren Körper so ausbalancieren, daß er die Schwerkraft teilweise überwindet. Zu jedem Zeitpunkt können wir das Gewicht unseres Körpers spüren. Unser Bewußtsein wie auch das Unbewußte haben unzählige Erfahrungen mit der Schwere, und so müssen wir das Wort »schwer« nur denken, und wir können die Schwere des Körpers sofort spüren.

Dies macht sich das Autogene Training zunutze, und deshalb ist die Schwereübung die erste Übung beim Erlernen dieser Entspannungstechnik. Die Schwere ist eines der meistgespürten Gefühle. Während wir an sie denken und uns dabei auf eine bestimmte Körperregion konzentrieren, können wir diese tatsächlich vorhandene Schwere spüren. Dies bewirkt, daß sich der betreffende Körperteil löst, lockert und entspannt. Wir setzen somit einen Kreislauf in Gang, der uns immer mehr in die Entspannung hineinführt: Schwere denken – Schwere spüren – Entspannung tritt ein – Entspannung bewirkt, daß wir noch mehr Schwere spüren – noch mehr Entspannung – weiter an die Schwere denken – Schwere noch besser spüren – Geist und Seele entspannen sich auch – und so weiter. Auf diese Art entsteht eine sehr effiziente Bio-Feedback-Schlaufe, welche die übende Person rasch in einen veränderten Bewußtseinszustand bringt, der die Grundlage dazu ist, die gewünschten Veränderungen mittels Leitsätzen zu induzieren.

Oft kann man in der Literatur über das Autogene Training lesen, man solle sich die Schwere vor dem inneren Auge ausmalen, indem man sich zum Beispiel das Gewicht einer Einkaufstasche am Arm, schwere Beine nach einer Wanderung oder sonst etwas Schweres vorstellt. Dies kann hilfreich sein, ist aber nicht unbedingt nötig, denn die Vorstellung der Schwere ist bereits tausendfach im Bewußten wie im Unbewußten gespeichert und verankert, und das Unbewußte weiß ganz genau, was Schwere ist. Wenn wir ihm also das Wort »Schwere« eingeben, so kann und wird es diese Schwere sogleich auch realisieren, das heißt den Entspannungsvorgang einleiten.

Es kann jedoch sein, daß Sie dies anfänglich nicht bemerken. Dies spielt keine Rolle, denn das Unbewußte wird die Lockerung und Lösung der Muskeln sofort einleiten, sobald Sie »schwer« im Zusammenhang mit Ihrem Arm denken. Vielleicht meinen Sie, das Autogene Training hätte »nichts genützt«, weil Sie »nichts gespürt« haben. Dies ist nicht der Fall, denn Sie haben nur nichts von der vorhandenen Schwere ihres Armes gespürt – Sie haben die vorhandene Schwere nicht oder kaum realisiert.

Auf jeden Fall müssen Sie am Schluß des Autogenen Trainings zurücknehmen – egal, ob Sie etwas gespürt haben oder nicht.

Die Ruheformel – die Ruhetönung

Die zweite Formel, die gleich von Anfang an eintrainiert wird, ist die Ruheformel. Im Abschnitt über die Formulierung in der Gegenwart habe ich bereits einige Bemerkungen zur Ruheformel gemacht. Hier folgen weitere:

Ich bin ganz ruhig. Diese Formel ist Training und Ziel zugleich. Viele Menschen wollen Autogenes Training erlernen, weil sie unruhig und nervös sind. Stimmt es, wenn ein nervöser, unruhiger Mensch sich vorsagt, er sei ganz ruhig? Durch die Schwereformel, die ein gewisses Entspannungsgefühl auslöst, wird gleichzeitig eine Ruhigstellung, die Ruhetönung, eingeleitet. Jedesmal, wenn autogen trainiert wird, wird die Ruhetönung verstärkt, einerseits, weil der Übende besser trainiert ist, andererseits durch die Anzahl Wiederholungen, die schon vorher geleistet worden sind (siehe dazu auch den Abschnitt »Bedingte Reflexe« Seite 23). Die Ruhetönung ist das Ziel vieler Menschen, die Autogenes Training lernen. Dieses Ziel wird erreicht durch wiederholtes Üben, vor allem dadurch, daß die Ruheformel von Anfang an verwendet wird. Bald kann sie auch bei Angst, Aufregung und Nervosität eingesetzt werden.

Gefühle, die auftreten können

Die Gefühle, die beim Autogenen Training auftreten können, sind höchst unterschiedlich und für jede Person anders. Erwarten Sie deshalb nicht etwas Bestimmtes; Erwartungshaltungen sind im Autogenen Training nur hinderlich. Sie können nicht zum voraus wissen, welche Gefühle Sie spüren werden. Deshalb ist es sehr wichtig, daß Sie Ihre Übung ganz unvoreingenommen machen. Die häufigsten Gefühle, die auftreten können, sind die folgenden:

- Kribbeln oder »Ameisenlaufen«
- ein Gefühl des Schwebens

- Wärmegefühl
- Leichtigkeit statt Schwere
- Schwere in den Beinen oder an anderen Körperstellen
- Der Arm fühlt sich an, als würde er eine andere Stellung einnehmen
- Der Arm ist überhaupt nicht mehr spürbar
- Der Körper ist überhaupt nicht mehr spürbar
- Die Schwere tritt nur an ganz bestimmten, eng begrenzten Orten auf
- Der Arm fühlt sich dick, ballonartig an

Variationen ergeben sich aus der Intensität, mit der diese Gefühle auftreten, oder der Kombination von verschiedenen Empfindungen. Manche Menschen nehmen nur ein ganz schwaches, kaum feststellbares Gefühl wahr, nur eine Ahnung davon, während andere von Anfang an intensiv und stark fühlen. Viele glauben, sie bilden sich nur etwas ein, ihr Gefühl sei nicht real. Autogenes Training funktioniert jedoch über die Vorstellungskraft, die Einbildung. Wenn sich jemand also einbildet, er spüre etwas, ist dies ganz in Ordnung. Einbildung enthält das Wort »Bild«. Das Unbewußte arbeitet mit Bildern, und deshalb versteht es Einbildungen besonders gut.

Oft spürt man nicht jedesmal das gleiche oder dieselbe Intensität. Das kann zu Verwirrungen führen – man ist nicht sicher, ob man alles richtig macht. Dies ist völlig normal, auch nach Jahren Autogenen Trainings kommt es vor, daß man plötzlich etwas spürt, das man nie zuvor gekannt hat. Das Schöne am Autogenen Training ist unter anderem, daß es immer wieder Neues, Überraschendes bereithält.

Die häufigsten Anfangsschwierigkeiten und Fehlhaltungen

Vergessen

Zu Beginn der Lernphase können verschiedene Schwierigkeiten auftreten. Wie Sie wissen, sollten Sie mindestens dreimal täglich ein bis zwei Minuten lang autogen trainieren. Vielleicht stellen Sie jedoch abends im Bett fest, daß Sie während des ganzen Tages gar nie an das Training gedacht haben. Wenn dies öfters passiert, haben Sie am Kursabend vielleicht Hemmungen, dies zuzugeben, weil Sie glauben, Ihre »Aufgaben« nicht richtig gemacht zu haben. Dabei sind Sie gar nicht schuld daran, nicht ans Autogene Training gedacht zu haben. Warum haben Sie nicht daran gedacht? Natürlich kann man Hektik und mangelnde Zeit oder ähnliches vorschieben, doch in Wirklichkeit wird etwas anderes die Ursache gewesen sein. Das Unbewußte hat Sie nicht daran erin-

30 Das Erinnerungszettelchen sollte alle zwei bis drei Tage an eine andere Stelle gehängt werden, sonst verliert es seine Wirkung.

nert, autogen zu trainieren, weil es sich gegen das »Neue« wehrt, weil es vielleicht Angst davor hat, Kompetenzen abzugeben. Es ist so bequem wie Sie auch, es möchte nichts Neues, alles soll beim alten bleiben. Vergessen ist etwas ganz Normales, und niemand »vergißt« absichtlich. Wenn es während des Kursabends zur Sprache kommt, kann der Kursleiter Tips und Möglichkeiten anbieten, diese Fehlhaltung zu korrigieren.

Allenfalls können Sie selbst etwas dagegen unternehmen, wenn Sie sich für den andern Tag fest vornehmen, autogen zu trainieren, vielleicht, indem Sie an gut sichtbarer Stelle eine Notiz anbringen. Wichtig ist jedenfalls, daß Sie möglichst schnell dazu kommen, genügend zu trainieren, damit Sie bis zum Ende der Lernphase in einem halben Jahr das Autogene Training zuverlässig anwenden können.

Konzentrationsschwierigkeiten

Häufig treten am Anfang Konzentrationsschwierigkeiten auf. Kaum haben Sie den ersten Satz des Autogenen Trainings gedacht, schweifen Sie ab, und irgendwelche andere Gedanken ziehen durch den Kopf. Sobald Sie dies bemerken, können Sie sich einfach zu den Formeln des Trainings zurückführen und versuchen, diese ein paarmal zu denken. Bitte geben Sie nicht gleich auf und denken, Sie hätten es ja gewußt, Sie könnten sich einfach nicht konzentrieren und das Autogene Training bringe Ihnen sowieso nichts. Mit dem Training sollen Sie gerade lernen, sich zu konzentrieren; Autogenes Training ist Konzentration.

Eine Erkenntnis aus der Lernpsychologie besagt, daß Lob und Aufmerksamkeit das erwünschte Verhalten verstärken. Wenn Sie also bemerken, daß Sie abgeschweift sind, loben Sie sich, daß Ihnen dies überhaupt aufgefallen ist. Dies wird Ihre Aufmerksamkeit und somit Ihre Konzentration verstärken. Wenn Sie hingegen Ihre Gedanken auf das Abschweifen richten und sich deswegen beschimpfen, verstärken Sie nur den unerwünschten Effekt: das Abschweifen.

Es ist nicht unbedingt nötig, die Gedanken, welche sich störend zwischen die Formeln des Autogenen Trainings schieben, völlig zu unterdrücken. Manchmal sind es sinnvolle, ja wertvolle Gedanken, die man gerne behalten möchte. Anstatt sich jetzt darauf zu konzentrieren, diesen Gedanken ja nicht zu vergessen, kann man ihn auch kurz notieren und dann mit dem Training fortfahren.

Meistens sind diese Gedanken aber nicht von Belang. Statt immer und immer wieder mit steigender Verbissenheit krampfhaft zu versuchen, die Formeln zu denken, um schließlich entnervt aufzugeben, ist es viel besser, die Trainingszeit von vornherein abzukürzen. Normalerweise dauert eine Übung zwei bis drei Minuten. Das ist jedoch für Menschen mit Konzentrationsschwierigkeiten viel zu lange. Kürzen Sie die Übung ohne weiteres auf eine Minute oder sogar dreißig Sekunden, denken Sie also im Extremfall die Schwereformel einmal, dann die Ruheformel und vielleicht nochmals die Schwereformel, und nehmen Sie danach zurück – auch bei sehr kurzen Übungen muß intensiv zurückgenommen werden! Dabei ist es nicht wichtig,

daß Sie die Schwere auch spüren – es geht einzig und allein darum, das Autogene Training kurz, aber konzentriert zu machen.

Diese Methode wird Sie mit der Zeit dazu befähigen, die Formeln des Autogenen Trainings mehrmals konzentriert zu denken, und sie wird dazu beitragen, daß das Unbewußte oder der Körper das Schweregefühl schneller »liefert«.

Erwartungshaltung, Erfolgsdruck und Leistungszwang

Viele Menschen, besonders oft Männer, stehen unter einem enormen Erfolgsdruck. Im Beruf muß alles so effizient wie möglich gemacht und die Leistung immer mehr gesteigert werden, man hastet von Termin zu Termin, muß sich anstrengen und sich Mühe geben, es wird erwartet, daß die Leistung stimmt. Zu Hause bei Frau und Kindern sind ganz andere Qualitäten gefragt: Zeit haben, zuhören können, sich an der Erziehung beteiligen, Gespräche führen, Bedürfnisse erkennen, aufeinander eingehen können und so weiter. Wenn dies unter Erfolgsdruck und Leistungszwang geschieht, ist es zum vorneherein schwierig, wenn nicht gar zum Scheitern verurteilt.

Dasselbe gilt für das Autogene Training. Dieses läßt sich nicht unter Erfolgsdruck und Leistungszwang erlernen. Wer sich Mühe gibt, wird Mühe haben. Was Sie erwarten, wird nicht eintreffen. Natürlich dürfen Sie Ziele haben, aber diese sollen im Hintergrund bleiben und nicht Inhalt jedes Trainings sein. Das vordergründige Ziel ist, die *Technik* des Autogenen Trainings zu erlernen. Wenn Sie bei jeder Übung schon die Erfüllung bestimmter Vorgaben oder Gefühle erwarten, werden Sie höchstwahrscheinlich enttäuscht. Erwarten Sie nichts, und geben Sie somit dem Unbewußten die Möglichkeit, Ihr eigenes Autogenes Training zu entwickeln. Das Unbewußte wird Ihnen bestimmt Ihr persönliches Gefühl für das Autogene Training liefern – nur entspricht es aller Wahrscheinlichkeit nach nicht dem, was Sie erwarten.

»Nichts« spüren

Manche Kursteilnehmer und Kursteilnehmerinnen klagen darüber, daß sie »nichts« spüren. Meistens meinen sie damit, daß sie keine Veränderung zum Zustand vor dem Autogenen Training bemerken. Gefühlsveränderungen sind manchmal wirklich kaum spürbar; man muß sehr genau in sich hinein fühlen, um überhaupt eine Veränderung feststellen zu können. Mitunter ist es mehr eine Ahnung von einem Gefühl; einige meinen dann, das Gefühl sei nur eingebildet, und vergessen, daß das Unbewußte bevorzugt mit Bildern, mit Einbildung arbeitet. Es ist wichtig, daß Sie sich und all Ihren Komponenten – Bewußtes und Unbewußtes, Körper, Seele und Geist – Zeit geben, sich auf das Autogene Training einzustellen, sich damit auseinanderzusetzen und Ihr ganz persönliches Training zu entwickeln. Vielleicht gehören ja auch Sie zu der Mehrheit, die nicht ausgesprochen viel vom Autogenen Training spürt – trotzdem ist es sehr wirkungsvoll.

Wenn Sie meinen, gar nichts zu empfinden, können Sie wenigstens den »Ist-Zustand« feststellen: Sie spüren Ihre Sitzhaltung, Sie spüren den Arm, wie er auf dem Bein liegt, Sie spüren die Neigung des Kopfes, Sie spüren, wie die Füße auf dem Boden stehen.

Wenn Sie gar nichts mehr fühlen, auch obigen »Ist-Zustand« nicht, gehören Sie möglicherweise bereits zu den fortgeschrittenen Anwendern des Autogenen Trainings, die in tiefer Trance ein leichtes und schwebendes Gefühl genießen.

Manchmal glaubt man, es habe »nichts genützt«,

weil man nichts gespürt habe. Ich möchte hier an die mögliche Erwartungshaltung erinnern, die hinderlich für das Autogene Training ist. Sie bemerken nichts, weil es nicht das ist, was Sie erwarten. Der »Nutzen« des Autogenen Trainings ist sowieso erst gegen Ende der Lernphase, also etwa nach vier, fünf Monaten, zu erwarten. Vorher konzentrieren Sie sich lieber auf die formal korrekte Ausführung der Übung, also Sitz- oder Liegehaltung einnehmen, die Formeln des Autogenen Trainings denken, sorgfältiges Zurücknehmen, fertig. Wenn Sie diese drei Punkte erfüllt haben, ist Ihr Autogenes Training erfolgreich. Mehr braucht es nicht dazu.

Die Schwere ist nicht dort, wo sie sein sollte

Manchmal kommt es vor, daß die Übenden die Schwere nicht im rechten oder linken Arm spüren, sondern im andern Arm oder in einem Bein. Hauptsächlich sind hier zwei Gründe denkbar: Es kann sein, daß Sie ein verkappter Linkshänder sind, der sehr früh umgewöhnt wurde, ohne daß Sie sich daran erinnern. In diesem Fall ist es möglich, daß der linke Arm statt des rechten reagiert. Oder Sie erwarten ein bestimmtes Gefühl im Arm. Eine solche Erwartungshaltung kann sich für das Autogene Training störend auswirken, denn vielleicht entsteht ein anderes Gefühl, als Sie erwarten, und mit Ihrer Haltung hindern Sie dieses Gefühl daran, sich zu manifestieren. Und so erscheint eben etwas im andern Arm, oder Sie bemerken nicht, was abläuft, weil Sie etwas anderes erwarten.

Denken Sie daran: Erwarten Sie in der Anfangsphase des Autogenen Trainings noch nichts, weder in bezug auf Gefühle, die Sie spüren sollten, noch hinsichtlich der Wirkungen des Trainings.

Geräuschempfindlichkeit

Einige Übende klagen darüber, daß sie während des Autogenen Trainings jedes Geräusch, auch absolut unwichtige und irrelevante, viel bewußter wahrnehmen und daß dies auf das Training störend wirkt. Es ist durchaus sinnvoll und oft nötig, über die Ohren die Verbindung zur Außenwelt offen zu halten, Sie sollen

ja hören, wenn das Telefon klingelt, jemand an der Tür läutet oder Ihr Kind schreit. In solchen Fällen nehmen Sie einfach zurück und tun, was zu

31 Das Autogene Training kann überall angewendet werden. Teilen Sie den andern mit, was Sie tun, und stellen Sie sicher, daß Sie während des Trainings nicht angesprochen werden.

tun ist. Andererseits sind die meisten Geräusche, die an unser Ohr dringen, für uns nicht wichtig; wir könnten sie einfach ausblenden. Trotzdem hören wir mitunter jedes Hupen, jede noch so entfernte Kirchenglocke, jedes Vogelgezwitscher. Und das stört. Die Erfahrung zeigt zum Glück, daß diese Geräuschempfindlichkeit mit der Zeit abnimmt und meistens ganz verschwindet. Stellen Sie sich einmal vor, Sie würden jedes Geräusch immer intensiv und in voller Lautstärke wahrnehmen – Sie würden sich konstant in einem unwahrscheinlichen Lärm befinden. Glücklicherweise haben wir alle – auch Sie – die Fähigkeit, Geräusche zu filtern und mehr oder weniger nur diejenigen wahrzunehmen, die für uns von Bedeutung sind.

Schmerzempfindungen

Selten kommt es vor, daß jemand über punktuell auftretende Schmerzen in einem Körperteil berichtet. So etwas kann natürlich Ängste auslösen. Im Gespräch zeigt sich meist, daß diese Person an jener Stelle einmal eine Verletzung, zum Beispiel eine Knochenfraktur, erlitten hatte. Der damalige Schmerz tritt dann für ein paar Tage wieder auf und verschwindet schließlich ganz. Diese Art von Schmerz wird Erinnerungsschmerz genannt: Der betroffene Körperteil erinnert sich an die einstige Verletzung.

Schmerzen beim Autogenen Training können aber auch anzeigen, daß eine Störung vorliegt. Wenn sie nicht nach ein paar Tagen wieder verschwinden, müssen Sie der Ursache nachgehen. Es könnte nämlich sein, daß Sie in der ganzen täglichen Hektik unbewußt Schmerzen oder Krankheitsanzeichen unterdrückt haben. Im Autogenen Training beschäftigen Sie sich vermehrt mit sich selbst, und das kann bewirken, daß Sie auf solche inneren Vorgänge aufmerksam werden. Natürlich könnten Sie mit Autogenem Training Schmerzen bewußt unterdrücken – was zum Beispiel beim Zahnarzt sinnvoll wäre –, aber wenn Sie nicht wissen, was die Ursachen sind, gehen Sie lieber zum Arzt.

Das Protokoll

Für manche ist es empfehlenswert, ein Protokoll über die Übungen zu führen. Dies ist vor allem dann sinnvoll, wenn Sie oft vergessen, autogen zu trainieren. Schreiben Sie Datum, Zeit und Ort der Übungen auf. Schreiben Sie auch auf, welche Haltung Sie eingenommen haben und was Sie während der Übung gespürt haben. Notieren Sie allfällige Schwierigkeiten, Unsicherheiten oder Fragen. Besonders bei Schwierigkeiten wird dieses Protokoll helfen, das Autogene Training besser zu strukturieren und in den Tagesverlauf einzubetten.

Nachstehend ist ein Beispiel gezeigt, wie Sie dieses Protokoll führen könnten:

23.10.	12.15	Sitzhaltung. Im Büro. Nichts gespürt, dafür abgeschweift.
	15.30	Sitzhaltung. Auf dem WC. Störung durch jemand, der auch drauf wollte. Ich erschrak. Wie soll ich am besten darauf reagieren?
	22.30	Liegend im Bett. Wohlige Wärme gespürt, eingeschlafen. Gilt das nun auch als Training?

24.10. 23.00 Hab's den ganzen Tag lang vergessen. Es war Samstag, und ich hätte sicher Zeit gehabt, um zu üben. Wir haben einiges unternommen, und so habe ich es einfach vergessen. Abends im Bett: warm und wohlig. Hab mir vorgenommen, am Morgen früh Autogenes Training zu machen.

25.10. 09.00 Hab drangedacht! Sitzhaltung. Konnte zwei-, dreimal konzentriert die Formel denken. Hab ich die Schwere gespürt, oder war's nur eingebildet? Nach dem Zurücknehmen war mir ein bißchen schwindlig.

19.00 Im Lehnstuhl kam mir plötzlich das Autogene Training in den Sinn. Hab's gleich gemacht. Es ging gut, habe Schwere gespürt, nachher war der Arm wie weg. Was soll das? Ich muß den Kursleiter fragen.

22.15 Im Bett liegend. Wohlige Schwere und Wärme gespürt. Dran denken, den Kursleiter zu fragen: Wieviel Abstand zwischen den Trainings muß eigentlich mindestens sein?

Ihre Notizen

5 Die Wärmeübung

Im Kurs bestand der erste Abend aus vielen Erklärungen und Erzählungen des Kursleiters. Sie haben viel Neues gehört, das bestimmt die eine oder andere Frage aufgeworfen hat. Sie haben einiges gelernt, und idealerweise haben Sie in den folgenden zwei Wochen genügend trainiert.

Am zweiten Kursabend[2] können Sie davon erzählen, wie Ihr Training verlaufen ist, wie und wann Sie geübt haben, was Sie dabei gespürt oder nicht gespürt haben und so weiter. Vielleicht sind Schwierigkeiten aufgetreten wie zum Beispiel Vergessen, Abschweifen, Kon-

[2] Die Schilderungen der Kursabende beziehen sich natürlich auf meine eigenen Kurse. Andere Kursleiter gestalten ihre Kurse anders.

zentrationsmangel oder anderes – sprechen Sie darüber. So können Sie darauf hinarbeiten, Ihr ganz persönliches Autogenes Training zu entwickeln.

Grundsätzlich ist es so, daß jeder Mensch das Autogene Training anders erlebt. Wie jeder Mensch äußerlich anders aussieht, so sind wir auch innen verschieden. Jeder von uns empfindet anders, hat andere Gedanken, Assoziationen und Prägungen. So erleben wir auch das Autogene Training verschiedenartig. Es ist nicht erstaunlich, wenn jede Kursteilnehmerin, jeder Kursteilnehmer das Training anders schildert. Es muß so sein, denn alle machen von Anfang an ihr eigenes, persönliches Autogenes Training. Es geht zunächst darum, dies bewußt zu machen. Hören Sie auch andern zu, denn so erfahren Sie von vielen weiteren Aspekten und Ausformungen des Trainings.

Als nächstes widmen wir uns der neuen Übung, der Wärmeübung. Auch die Wärme – wie die Schwere – ist eine Empfindung, die wir alle kennen und täglich erfahren. Sie kennen das Gefühl, morgens im Bett aufzuwachen, durchflossen von wohliger Wärme, die Sie vor dem Aufstehen noch ein wenig genießen möchten. Oder das warme Bad in der Badewanne, in einer warmen Quelle oder einem Thermalbad. Sie und Ihr Unbewußtes haben Tausende von Wärme-Bildern. Wärme ist etwas, das uns das ganze Leben lang begleitet, von der ersten bis zur letzten Stunde. Wir können überhaupt nur leben und funktionieren, wenn der Köper warm ist, wenn er eine ganz bestimmte Körpertemperatur aufweist, nämlich 37° C. Sobald diese Körpertemperatur vom Sollwert abweicht, fühlen wir uns nicht mehr wohl, sind wir nicht mehr voll funktionsfähig.

Weil die Wärme eine ebenso alltägliche Erfahrung ist wie die Schwere, wird sie am Anfang des Autogenen Trainings als zweite Übung eingesetzt. Wir alle haben fast unendlich viele Erfahrungen mit Wärme, Temperatur und Wärmeschwankungen sowohl außerhalb unseres Körpers als auch innerhalb. Die Wärme gehört neben der Schwere zu den meistgespürten Empfindungen. Wenn wir an sie denken und uns dabei auf eine bestimmte Körperregion konzentrieren, können wir diese tatsächlich vorhandene Wärme spüren. Und diese bewirkt, daß sich der betreffende Körperteil noch mehr löst, lockert und entspannt.

Indem wir die immer vorhandene Wärme bewußt spüren, *realisieren,* setzen wir die Bio-Feedback-Schlaufe fort, die wir mit der Schwereübung begonnen haben und die uns immer mehr in die Entspannung hineinführt: Wärme denken – Wärme spüren – Entspannung setzt sich fort – das bewirkt, daß wir noch mehr Wärme spüren – weiter an die Wärme denken – Wärme noch besser spüren – noch mehr Entspannung – Geist und Seele entspannen sich mehr und mehr – und so weiter. So bringen wir uns sehr rasch in einen veränderten Bewußtseinszustand, der die Grundlage legt für weitere, effiziente Trainings.

Schwere und Wärme sind wie zwei Seiten der gleichen Medaille: Die Schwere bewirkt ein Lösen der Muskeln und Gefäße, die Wärme läßt mehr Blut durch die gelösten Gefäße fließen.

Die Übungsformel lautet:

Der rechte Arm ist ganz warm

Bei Linkshändern:

Der linke Arm ist ganz warm

Der Ablauf des Trainings

Sie nehmen wie gewohnt eine der Haltungen des Autogenen Trainings ein und beginnen wie üblich mit der Schwereübung. Diese ist jetzt nach zwei Wochen Übungszeit schon recht gut eintrainiert, und so können Sie sie verkürzen.

Sie denken sich den Satz **Der rechte (linke) Arm ist ganz schwer** zwei- bis dreimal, dann folgt einmal **Ich bin ganz ruhig,** danach fahren Sie mit dem Satz **Der rechte (linke) Arm ist ganz warm** weiter, den Sie sich einige Male, ohne zu zählen, in Gedanken vorsagen. Denken Sie nochmals den Satz **Ich bin ganz ruhig** und hängen allenfalls noch eine Phase **Der rechte (linke) Arm ist ganz warm** daran. Zum Schluß nehmen Sie gut, gründlich und intensiv zurück. Die ganze Übung soll nicht länger dauern als bisher.

Gefühle, die auftreten können

Auch bei der Wärmeübung – wie bei der Schwereübung – treten mitunter höchst unterschiedliche Gefühle auf. Sie können nicht wissen, was Sie beim Denken der Wärmeübung fühlen und erfahren werden. Deshalb ist es nicht sinnvoll, etwas Bestimmtes zu erwarten. Auch wenn die Wärme eine absolut alltägliche Erfahrung darstellt, ist es nicht sicher, daß Sie tatsächlich während des Autogenen Trainings ein Wärmegefühl spüren werden. Erwarten Sie deshalb nichts, lassen Sie sich überraschen.

Grundsätzlich möchte ich daran erinnern, daß eine Erwartungshaltung im Autogenen Training hinderlich ist, weil Sie unter Umständen eine typische Empfindung spüren, sie jedoch nicht bemerken, weil sie etwas anderes erwarten. Die häufigsten Gefühle, die auftreten können, sind wie bei der Schwere die folgenden:

- Kribbeln oder »Ameisenlaufen«
- ein Gefühl des Schwebens
- Schweregefühl
- Wärme in den Beinen oder an anderen Körperstellen
- Der Arm fühlt sich an, als würde er eine andere Stellung einnehmen
- Der Arm ist überhaupt nicht mehr spürbar
- Der Körper ist überhaupt nicht mehr spürbar
- Die Wärme tritt nur an ganz bestimmten, begrenzten Orten auf
- Der Arm fühlt sich dick, ballonartig an

Jeder Mensch empfindet anders. Die einen erzählen von intensiven Wärmeschüben, andere haben fast nichts gemerkt. Dies ist völlig normal. Es spielt letztlich keine Rolle, wie intensiv oder leicht Sie das Autogene Training empfinden. Denken Sie daran: Sie sind immer noch in der Anfangsphase, und dabei ist es wichtig, daß Sie das Training lernen, indem Sie es konsequent und formal korrekt durchführen, ohne darüber nachzudenken, ob es »etwas genützt« hat oder ob Sie etwas gespürt haben. Gerade zu Beginn ist vor allem auf Konsequenz zu achten, ein Nutzen oder Erfolg stellt sich später bestimmt ein, vorausgesetzt, Sie trainieren genügend oft, also möglichst dreimal täglich.

Ein erfolgreiches Training erkennen Sie daran, daß Sie drei Punkte beachtet haben: Stellung einnehmen – Formeln denken – zurücknehmen. Das genügt.

Nie mit kalten Händen üben

Anfänglich empfiehlt es sich, mit warmen Händen zu üben, denn sonst kann schnell das Gefühl entstehen, »es nütze nichts«. Falls Ihre Hände kalt sind, sollten Sie sie vor dem Training wärmen, sei es, indem Sie sie an die Heizung halten oder sie im warmen Wasser aufwärmen. Eine andere gute Methode, besonders in der kalten Jahreszeit, sind Pulswärmer. Mit der Zeit werden Sie in der Lage sein, sich mittels des Autogenen Trainings selbst aufzuwärmen, sogar kalte Füße. Vorerst ist es jedoch besser, sie vor dem Training aufzuwärmen. Besonders bei den Füßen entsteht schnell der Eindruck, die Wärmeübung bewirke das Gegenteil von dem, was sie sollte. Dies kommt daher, daß das etwas kühlere Blut in den Füßen zuerst nach oben abtransportiert werden muß, bevor wärmeres Blut durch die Adern fließen kann. So hat man das Gefühl, die Beine würden mit der Wärmeübung eher kälter. Mit der Zeit werden Sie aber feststellen können, daß sich auch die Füße erwärmt haben. Vorläufig ist es jedoch ratsam, die Füße mit dicken Socken zu wärmen.

Im übrigen möchte ich auf den Abschnitt »Die häufigsten Anfangsschwierigkeiten und Fehlhaltungen«, ab Seite 78, hinweisen.

Geführte Meditation

Zur Abrundung führe ich mit denjenigen Kursteilnehmern und -teilnehmerinnen, die dies möchten, eine Meditation durch. Nicht immer nehmen alle daran teil. Es kann sein, daß jemand froh ist, etwas früher gehen zu können. Vielleicht ist jemand zu müde dazu und befürchtet einzuschlafen. Oder es gibt Menschen, die Widerstände dagegen haben, von jemandem in Trance geführt zu werden. Aus diesen Gründen sollte die Teilnahme explizit freigestellt werden. Die meisten genießen jedoch diesen Abschluß, weil sie sich ganz ihren Gedanken und Gefühlen hingeben können.

Bei der geführten Meditation handelt es sich nicht um Autogenes Training, auch wenn ähnliche Gefühle empfunden werden können. Sie unterstützt das Lernen des Autogenen Trainings, indem sie es im Unbewußten der Lernenden verankert. Dies hilft den Trainierenden, besser daran zu denken, so daß sie genügend üben können. Vor allem aber erhalten die Lernenden Unterstützung bei ihren eigenen Leitsätzen, die an den Kursabenden sorgfältig erarbeitet werden. Auch diese werden im Unbewußten verankert, so daß sie bereits von hier aus ihre positiven Wirkungen entfalten können.

Ihre Notizen

6 Die Herzübung

Auch am dritten Kursabend stehen, wie bei allen folgenden, Ihre Berichte und Erfahrungen mit dem Autogenen Training im Vordergrund. Sie erzählen wiederum davon, wie Ihr Autogenes Training verlaufen ist, wie und wann Sie geübt haben, was Sie dabei gespürt oder nicht gespürt haben und so weiter. Es ist wichtig, daß Sie darüber reden, ebenso wie über Schwierigkeiten, Konzentrationsstörungen, Vergessen oder anderes. Nur wenn Sie offen von Ihren Erlebnissen im Zusammenhang mit dem Training erzählen, können Sie darauf hinarbeiten, Ihr ganz persönliches Autogenes Training zu entwickeln.

Das Herz

Spüren Sie Ihr Herz jetzt gerade? Oder gehören Sie zu der Mehrheit, die ihren Herzschlag normalerweise nicht bemerkt? Es gibt Situationen, bei denen das Herz für alle spürbar wird, zum Beispiel bei körperlicher Anstrengung. Besonders Sportler achten darauf, den Puls hinaufzutreiben und ihn später absinken zu lassen. Dies ist ein gutes Herztraining. Wir nehmen das Herz aber auch bei anderen Gelegenheiten wahr: bei Aufregung, Angst, Nervosität, Erwartungsfreude, Liebe ... also bei starken Gefühlen, ohne daß eine körperliche Veranlassung besteht, die Herzfrequenz hinaufzutreiben. Man sagt denn auch, der Sitz der Gefühle sei das Herz.

Bei übermäßigem Streß und zu großer Hektik, bei zuviel Aufregung oder Angst ist der Herzrhythmus oder die Herztätigkeit zuweilen gestört. Das kann zu ernsthaften Erkrankungen führen, mit denen nicht zu spaßen ist. Mit dem Autogenen Training können Sie etwas dagegen tun, denn einerseits bewirkt es an sich bereits eine Beruhigung, und andererseits ist es möglich, daß Sie durch das Training auf übermäßigen Streß aufmerksam werden. Mittels Leitsätzen können Sie anschließend die Ursachen angehen.

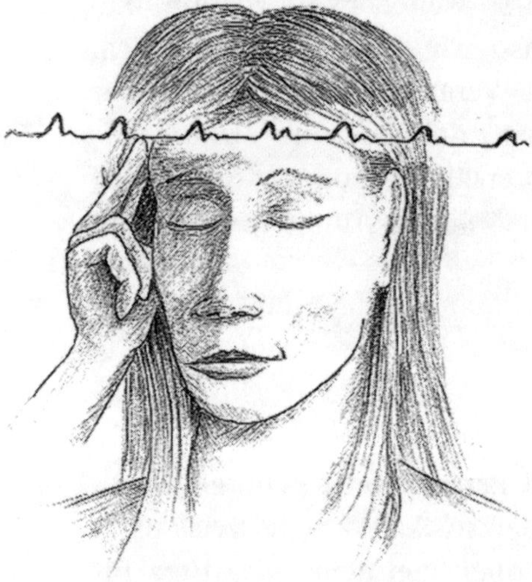

33 Der Puls kann an der Schläfe gefühlt werden

Im Autogenen Training geht es darum, den Herzschlag zu fühlen. Dies ist für viele Menschen nicht ganz einfach, weil sie nicht daran gewöhnt sind, das Herz überhaupt zu spüren. Wir wissen, daß es da ist und brav seine Arbeit verrichtet, aber sonst sind wir froh, wenn es sich nicht meldet.

Bei der Herzübung konzentrieren Sie sich auf die Herzgegend und versuchen zu spüren, wie das Herz schlägt. Vielleicht spüren Sie auch irgendwo den Puls: am Handgelenk, im Hals, seitlich an der Stirn oder an einer andern beliebigen Stelle Ihres Körpers. Zur Einstimmung können Sie den Puls irgendwo am Körper mit den Fingern erfühlen, um so ein Gefühl für den Rhythmus zu erhalten.

Die Formel für das Herz

Die Formel für das Herz lautet:

Das Herz schlägt ruhig und kräftig

Zunächst mutet diese Formel widersprüchlich an. Wie kann das Herz ruhig und kräftig zugleich schlagen?

Während des Autogenen Trainings beruhigt sich der Herzrhythmus, die Herzfrequenz sinkt. Dies ist eine Folge des Entspannungseffektes, der schon während der Schwere- und der Wärmeübung eintritt. Die Schwereübung bewirkt ein Lösen und Lockern der Muskeln und damit der Blutgefäße, das heißt, sie werden dicker, lassen mehr Blut durch. Verkrampfte Blutgefäße sind dünn und lassen wenig Blut durch – als Folge davon ist einem eher kalt. Wenn die Blutgefäße viel Blut durchlassen, fühlt man sich wärmer.

Das Herz muß mit weniger Schlägen mehr Blut transportieren, es soll also **ruhig und kräftig** schlagen. Dieser ruhigere und kräftigere Herzschlag wird dann vielleicht spürbar. Mit dieser Formel überlassen wir es weiterhin dem Unbewußten, die Herzfrequenz gerade richtig zu steuern. Dies ist sehr wichtig, denn das Unbewußte weiß genau, wie der Herzschlag sein soll, damit alles richtig abläuft. Wenn man bei starkem Herzklopfen autogen trainiert, ist durch die Formel **Ich bin ganz ruhig, Herz ruhig** oder **Herz ganz ruhig** eine Beruhigung der Herzfrequenz sofort spürbar, das Herz schlägt langsamer.

Wir dürfen jedoch auf keinen Fall bewußt in das Zusammenspiel all der Faktoren, die das gesunde Arbeiten des Körpers steuern, eingreifen, indem wir zum Beispiel suggerieren: »Das Herz schlägt langsam.« Eine solche Formel, über längere Zeit angewendet, könnte fatale Folgen haben.

Schwierigkeiten und Störungen

Viele Menschen können die Herzübung ohne Schwierigkeiten anwenden; sie fühlen, wie das Herz ruhig schlägt. Manche hingegen spüren das Herz oder den Puls trotz intensiver Konzentration nicht oder nur hin und wieder. Das spielt weiter keine Rolle, die Übung ist für das Herz trotzdem gut.

Es kann jedoch sein, daß die Formel ein Herzjagen oder ein »galoppierendes Herz« auslöst oder daß das Herz bis zum Hals hinauf schlägt. Dies ist natürlich beängstigend, und man bewirkt das Gegenteil dessen, was man mit dem Autogenen Training eigentlich bewirken wollte. Für diese unerwünschte Reaktion gibt es verschiedene mögliche Gründe:

- ein überstandener Herzinfarkt oder andere beängstigende Herzgeschichten
- ein Herzpatient im Familienumfeld oder in der näheren Bekanntschaft, den man hautnah miterlebt hat
- nervöse Herzbeschwerden, Herzbeklemmungen und anderes mehr

Wenn Sie zu diesen Menschen gehören, setzen Sie die Übung einfach ab, und versuchen Sie sie nach einigen Monaten nochmals. Es kann sein, daß es dann besser geht, einfach, weil das Autogene Training bis dann viel besser eintrainiert ist. Solche Herzbeschwerden treten aber nicht zwangsläufig bei allen Herzpatienten auf. Vor Jahren hatte ich einen Herzinfarktpatienten im Kurs, der die Übung problemlos anwenden konnte.

Es ist auch möglich, daß Ihnen die Übung einfach ein wenig unangenehm ist. In diesem Fall können Sie die Formel abschwächen. Es gibt dafür viele verschiedene Varianten:

Herz schlägt ruhig, kräftig
Herz schlägt ruhig, regelmäßig
Herz schlägt ruhig und leicht – ganz leicht
Herz schlägt locker und zufrieden

oder auch:

Herz ruhig und kräftig
Herz warm und weit
Mir ist warm ums Herz
Brustkorb angenehm warm

oder sogar:

Herz (oder Herzschlag) in jeder Situation gleichgültig
Herz (oder Herzschlag) gleichgültig

Die letzten beiden sind Indifferenz-Formeln, die sogar über das Auslassen der Herzübung hinausgehen, weil sie eigentlich Leitsätze sind. Mit diesen greift man aktiv ein, um eine bestimmte Situation zu verbessern.

Der Ablauf des Trainings

Die Herzübung ist von jetzt an die Übung, auf die wir das Hauptgewicht legen. Die Schwere- und Wärmeübungen werden kürzer ausgeführt, die restliche Zeit soll für das Herzerlebnis aufgewendet werden. Das ganze Autogene Training soll dadurch nicht verlängert werden; es bleibt weiterhin kurz.

Nachdem Sie eine Haltung für das Autogene Training eingenommen haben, steigen Sie wie gewohnt mit der Schwereübung ein. Es kann sein, daß sich die Schwere-Empfindung bereits auf beide Arme oder sogar auf den ganzen Körper ausgedehnt hat. Möglich ist aber auch, daß Sie die Schwere immer noch nur in einem Arm spüren. In beiden Fällen empfehle ich Ihnen, die Schwereformel auf **Beide Arme sind ganz schwer** oder sogar **Ich bin ganz schwer** zu ändern. Diesen Vorgang, egal, ob er von selbst auftritt oder Sie ihn mittels einer abgeänderten Formel suggerieren, nennt man *Generalisieren.* Denken Sie diesen Satz ein- oder zweimal, gefolgt von **Ich bin ganz ruhig** oder **Ganz ruhig.** Jetzt fahren Sie mit der zweiten Formel **Der rechte (linke) Arm ist ganz warm,** vielleicht **Beide Arme sind ganz warm** oder sogar **Ich bin ganz warm** weiter. Auch dies denken Sie ganz kurz, ein- oder zweimal, gefolgt von **Ich bin ganz ruhig** oder **Ganz ruhig.** Den Rest der Zeit verwenden Sie auf die Herzübung, also **Das Herz schlägt ruhig und kräftig** oder eine der abgeschwächten Herzformeln. Diesen Satz können Sie zwei- oder dreimal denken, und versuchen Sie dann, das Herz beziehungsweise den Herzschlag zu spüren. Vielleicht fühlen Sie stattdessen irgendwo am Körper den Puls, vielleicht spüren Sie das Herz auch gar nicht. Das spielt weiter keine Rolle – wichtig ist einfach, daß Sie die Übung machen. Wenn sie aber Unbehagen bereitet, können Sie sie für ein paar Monate weglassen und später wieder versuchen.

Zum Schluß des Autogenen Trainings ist es wie immer wichtig, gut und gründlich zurückzunehmen, besonders wenn Sie unter einem niedrigen Blutdruck leiden. Dann müssen Sie möglicherweise besonders extreme Bewegungen machen, damit Sie wieder voll und ganz da sind. Übrigens ist es möglich, daß sich der Blutdruck durch das regelmäßige Autogene Training soweit normalisiert, daß allfällige Blutdruckmittel abgesetzt werden können. Dies sollten Sie aber nur in Zusammenarbeit mit dem Arzt tun.

Ihre Notizen

7 Die Atemübung

Mit den ersten drei Übungen des Autogenen Trainings haben Sie sich die Fähigkeit angeeignet, autonom ablaufende Körperfunktionen und -abläufe positiv zu beeinflussen. Sie haben gelernt, Funktionen, die bei Streß oder Überbelastung beeinträchtigt sind, so zu beeinflussen, daß sie wieder normal ablaufen. Mit der Schwereübung verändern Sie den Muskeltonus, der unter Streß zu hoch ist, mit der Wärmeübung weiten Sie die Blutgefäße, welche vor allem in Armen und Beinen zu eng eingestellt sind, und mit der Herzübung beruhigen Sie die Herztätigkeit, welche oft zu hektisch ist. Dadurch werden auch andere Funktionen beeinflußt, wie zum Beispiel der Blutdruck, der häufig zu hoch ist, oder die Verdauung, die in Streßsituationen oft gestört ist.

Die Atmung

Auch die Atmung ist bei Streß meist gestört, was sich so auswirken kann, daß man »keine Luft mehr hat« oder es einem »die Sprache verschlägt«. Wenn man vor lauter Aufregung nicht sprechen kann, so ist es nicht, weil man keine Luft mehr hat, sondern, weil das Zwerchfell so gespannt oder verspannt ist, daß man nicht ausatmen kann.

Mit der Atmung erhält das Autogene Training eine neue Dimension. Bisher haben wir uns mit völlig autonom ablaufenden Funktionen befaßt: Muskelspannung, Blutgefäße, Herzrhythmus. Die Atmung läuft zwar im Normalfall ebenfalls autonom ab, wir können sie aber sehr leicht willentlich beeinflussen. Beim Sprechen tun wir dies, denn wir können nur im Ausatmen sprechen, und so holen wir Luft, wenn es beim Reden hineinpaßt. Das gleiche geschieht beim Singen. Wenn Sie in einem Chor singen, haben Sie sicher schon erlebt, daß der Chorleiter befiehlt, von da bis da zu singen, ohne zu atmen. Das kann manchmal ganz schön schwierig sein, doch mit der Zeit lernt man es. Ganz extrem ist die Beeinflussung der Atmung beim Tauchen. Hier halten wir die Luft an, solange wir unter der Wasseroberfläche sind, und holen erst wieder Luft, wenn wir aufgetaucht sind. Wir wissen ganz instinktiv, daß wir Wasser nicht atmen können, daß dies fatale Folgen haben könnte. Daß wir die Atmung beeinflussen, ist eine alltägliche Erfahrung.

Wissen Sie, wie oft Sie in der Minute Luft holen? Etwa zehn bis vierzehn Mal. Das geschieht nicht immer gleich und regelmäßig. Der Körper reguliert die Atmung je nach Bedarf. Bei einer körperlichen Anstrengung braucht der Körper mehr Sauerstoff, also atmet er stärker, tiefer. Beim Schlafen sind die Atemzüge länger. Bei Anspannung oder Angst atmen wir ganz kurz und flach. Und auch beim Autogenen Training verändert sich die Atmung. All das ist völlig normal.

Wissen Sie, wie lange der Mensch ohne Essen überleben kann? Etwa drei Monate. Ohne zu trinken, kann man etwa drei Tage überleben, ohne zu atmen, nur drei Minuten! Dies zeigt, wie wichtig die Luft für das Überleben ist; sie ist unsere allerwichtigste Nahrung, ohne sie können wir nicht leben.

Die Atmung läuft also nicht völlig autonom ab, sondern es ist ein leichtes, sie willentlich zu beeinflussen. Bei der Atemübung sollen wir aber gerade das nicht tun. Und genau das macht die Übung schwieriger, denn sobald wir an den Atem denken, beeinflussen wir ihn in irgendeiner Weise.

Wie spüren Sie Ihren Atem normalerweise? Bemerken Sie überhaupt, wie Sie atmen? Vielen Menschen wird der Atem erst bewußt, wenn sie ihn in irgendeiner Form spüren, zum Beispiel, wenn sie Sport treiben. Wie und wo nehmen Sie Ihren Atem wahr, wenn Sie darauf achten? Spüren Sie, wie die Luft kühl die Nasenflügel passiert, den Rachen streift, die Luftröhre hinunterfließt und den Lungenraum füllt? Merken Sie den Temperaturunterschied der kühleren Luft in Ihrem wärmeren Körper? Können Sie feststellen, wie die Luft die Lunge verläßt und wärmer wieder hinauffließt? Vielleicht spüren Sie, wie sich der Atem noch weiter als nur gerade in die Lunge verbreitet. Vielleicht fließt er in den Bauchraum, in das Becken hinunter oder sogar in die Beine. Der Sauerstoffaustausch ist natürlich auf die Lunge beschränkt – es ist ja die Aufgabe dieses Organs, Sauerstoff der Luft zu entnehmen und auf das Blut zu übertragen. Aber das Fließen der Atmung in weitere Körperregionen ist für manche Menschen spürbar.

Die Atemübung oder das Atemerlebnis

Diese Übung unterscheidet sich von den vorhergegangenen. Es geht nicht darum, wie bei der Schwere, der

Wärme und dem Herz eine Veränderung des bisherigen Zustandes zu realisieren, sondern nur darum, dessen gewahr zu werden, was von selbst abläuft. Man könnte bei der Atemübung deshalb auch vom Atemerlebnis sprechen.

Bei dieser Übung ist es wichtig, den Atem zu beobachten, ohne ihn zu beeinflussen. Die Atemübung im Autogenen Training hat nichts mit einer bestimmten Art zu atmen oder mit Atemgymnastik zu tun. Es soll nicht eine »richtige« von einer »falschen« Atmung unterschieden werden, sondern nur der Atem, so wie er von selbst abläuft, beobachtet werden. Es ist zunächst völlig unbedeutend, ob die Atmung flach oder tief, langsam oder schnell, regelmäßig oder unregelmäßig abläuft oder ob Sie in die Brust oder in den Bauch atmen. Es geht nur darum, den Atem zu beobachten, wie er kommt und geht, und ihn so zu belassen. Die Formel heißt deshalb:

Atmung ganz ruhig – es atmet mich

Ihre Haltung der Atmung gegenüber ist völlig passiv, Sie machen nichts dabei. Eine Formel wie zum Beispiel »Ich atme ruhig« wäre falsch, weil der Aspekt des Selbst-Atmens darin enthalten ist. Bekanntlich läuft der Atem automatisch ab, wenn wir nicht daran denken. Es ist eine lebenswichtige Funktion wie der Herzschlag. Wir können nicht »vergessen« zu atmen. Mit andern Worten müssen wir dazu nichts machen, nichts tun, der Atemvorgang geschieht von selbst. Die Formel **Es atmet mich** berücksichtigt diesen Aspekt.

Falls Ihnen diese Formel etwas zuwiderläuft, können Sie ohne weiteres auch eine andere wählen. Wichtig ist dabei einfach, daß sie jedes »Selbermachen« vermeidet. Mögliche Ersatzformeln wären:

Atmung ganz ruhig – Es atmet von selbst in mir
Atmung ganz ruhig – Der Atem geht ganz von selbst
Es atmet ganz ruhig in mir

Die Hauptsache bei dieser Übung ist, den Atem zu beobachten, wie er kommt und geht, ohne ihn dabei zu beeinflussen.

Für viele Menschen ist dies zunächst schwierig. Sie denken mit: ein – aus – ein – aus, und beeinflussen damit den Atem schon. Es ist nicht einmal nötig, die Formel mehrmals zu denken, einmal genügt, und damit ist Ihre Aufmerksamkeit auf Ihren Atem gerichtet. Wenn es Ihnen schwerfällt, den Atem einfach so zu beobachten, stellen Sie sich vor, wie Sie in einem

34 Der Atmende

Kinosaal sitzen und einen Film anschauen, in dem Sie einen Menschen sitzen oder liegen sehen, der atmet. Beobachten Sie seine Atmung. Nie würden Sie auf den Gedanken kommen, in die Atmung des Schauspielers einzugreifen. Beobachten Sie seinen Atemrhythmus. Stellen Sie sich vor, dieser Mensch seien Sie.

Eine Kursteilnehmerin erzählte kürzlich, sie hätte mit diesem Bild nichts anfangen können. Für sie sei die Atmung durch eine schwebende Feder symbolisiert. Erst als sie vor ihrem inneren Auge diese schwebende Feder sah, die sich im Atemrhythmus auf und ab bewegte, stimmte das Bild für sie.

Diese Episode zeigt auf, daß die Anregungen und Hilfen, die ich Ihnen geben kann, nicht immer passen. Ich möchte Sie bitten, diese immer zu überprüfen und allenfalls eigene Bilder zu finden. Sprechen Sie auch im Kurs darüber; das ist für die anderen Teilnehmer und Teilnehmerinnen ebenfalls hilfreich.

Der Atemrhythmus

Der Atemrhythmus ist ein ganz wichtiger körpereigener Rhythmus, den wir unbewußt vielfach einsetzen. Wir beeinflussen ihn zum Beispiel beim Sprechen, oder wir sprechen, indem wir den Atemrhythmus mit berücksichtigen. Er pulsiert wie der Herzrhythmus durch unser ganzes Leben. Der Atemrhythmus ist auch eine Wechselwirkung zwischen Spannung und Entspannung. Beim Einatmen sorgen hauptsächlich das Zwerchfell und einige andere Muskeln dafür, daß der Brustkorb und damit die Lunge ausgedehnt wird, so daß Luft eingesogen wird. Dies ist ein aktiver Vorgang.

Beim Ausatmen entspannen sich die Muskeln wieder und ermöglichen daher das Ausströmen der Luft; dieser Vorgang ist völlig passiv.

Diesen Umstand können wir uns im Autogenen Training zunutze machen. Während des Trainings soll der Körper völlig entspannt und passiv sein, damit er sich in kurzer Zeit erholen kann. Diese Wirkung können Sie verstärken, indem Sie die Formeln des Autogenen Trainings während des Ausatmens, das ja ein passiver Vorgang ist, denken, insbesondere die Schlüsselwörter, wie **Schwere, Wärme, Herz.** Sie verstärken die Passivität des Körpers, wenn Sie die Formeln in der passiven Phase des Atmens denken. Dies kann insofern spürbar werden, als Sie die Wahrnehmungen des Autogenen Trainings intensiver empfinden.

Eine willkommene Wirkung des Autogenen Trainings ist, daß sich die Atmung mit der Zeit normalisiert, wenn sie gestört war, was bei vielen Menschen der Fall ist, ohne daß sie es selbst merken.

Schwierigkeiten und Störungen

Wenn Sie schon einmal Atemgymnastik oder Yogaübungen betrieben haben, wo Sie ganz gezielt Ihren Atem beeinflußt haben, sind Sie, was den Atem betrifft, in gewisser Weise vorbelastet. Sie sind Ihrem Atem gegenüber nicht mehr ganz unbefangen. Dasselbe gilt für Menschen mit Atembeschwerden wie zum Beispiel Asthma oder Heuschnupfen. Hier ist es besonders wichtig, den Atem, so wie er von selbst kommt und geht, fließen zu lassen. Mit der Atemübung des Autogenen Trainings erwerben Sie die Fähigkeit, sich der Atmung zuzuwenden, sie passiv mitzuvollziehen, ohne sie zu beeinflussen, ohne sie zu stören. Es ist jedoch möglich, daß Asthma-Patienten oder andere Menschen mit Atembeschwerden bei der Atemübung in ein starkes Schnaufen geraten und um Luft ringen. In diesen Fällen hat es keinen Sinn, die Übung weiter zu trainieren. Sie setzen sie besser ab und warten einige Monate, bis das Autogene Training sehr gut eingeübt ist. Oft ist es später möglich, die Atemübung zu praktizieren.

Eine andere Variante wäre immerhin, die Übung indirekt einzubauen, indem man die andern Übungen im Atemrhythmus, also beim Ausatmen, denkt.

Der Ablauf des Trainings

Die Atemübung wird in den Ablauf eingebaut, ohne daß Sie die ganze Übung verlängern. Das bedeutet, daß Sie kurz an Schwere, Wärme und Herz denken, und zwar im Atemrhythmus. Den Rest des Trainings verbringen Sie mit der Atemübung. Die Schwere- und Wärmesätze können Sie weiter verkürzen, so daß allenfalls gerade noch das Schlüsselwort übrig bleibt.

Das Training läuft folgendermaßen ab:

Als Einstieg gilt immer noch **Ich bin ganz schwer, Ganz schwer** oder **Schwer.** Dies denken Sie ein- bis zweimal während des Ausatmens. Dann folgt **Ich bin ganz warm, Ganz warm** oder **Warm.** Auch dies denken Sie höchstens zweimal während des Ausatmens. Jetzt folgt der Ruhesatz **Ich bin ganz ruhig** oder **Ganz ruhig,** dann **Herz ruhig und kräftig** oder einfach **Herz,** schließlich nochmals **Ganz ruhig.** Auch diese Sätze denken Sie am besten während des Ausatmens. Jetzt können Sie mit der Atemübung beginnen, indem Sie ein- oder zweimal die Formel denken **Atmung ganz ruhig – es atmet mich.** Beobachten Sie nun ruhig eine Zeitlang, wie der Atem von selbst ein- und ausfließt. Wenn Sie das Gefühl haben, daß die Zeit für das Autogene Training um ist, nehmen Sie gut und gründlich zurück.

Die Dauer des Autogenen Trainings

Bisher haben Sie darauf geachtet, höchstens zwei bis drei Minuten lang zu üben, abends im Bett haben Sie vielleicht auch länger trainiert. Sofern Sie Ihre Konzentration auf die Formeln des Autogenen Trainings zu halten vermögen, können Sie von jetzt an einzelne Übungen verlängern, vielleicht auf fünf Minuten. Ein bis zwei Übungen pro Tag sollen aber weiterhin kurz sein. Zwischendurch empfehle ich Ihnen auch, ganz kurze Trainings zu machen, während deren Sie jedes Schlüsselwort nur einmal denken und zurücknehmen, sobald Sie mit allen fertig sind. Solche Übungen laufen in weniger als einer Minute ab und sind bereits sehr wirkungsvoll. Sie können damit bis zu dreißig Prozent Ihres vollen Entspannungspotentials erreichen. Diese Übungen sind auch sehr gut für die Konzentration sowie die Tiefe und Intensität der längeren Trainings.

Ihre Notizen

8 Die Bauchübung

Die Bauchübung ist die fünfte Übung des Autogenen Trainings. Es ist wieder eine Wärmeübung, die das Training ganzheitlicher macht, den ganzen Körper erfaßt und einzelne Regionen miteinander verbindet.

Auch der Bauch reagiert empfindlich auf Streß und Anspannung, wie der Volksmund weiß: Etwas schlägt mir auf den Magen, etwas liegt mir auf dem Magen, ich habe einen Klumpen im Bauch, etwas macht mir Bauchweh ... Wir spüren den Bauch bei vielen Gelegenheiten: bei Angst, Nervosität, Schreck, Bauchweh, Übelkeit. Ein Schlag in den Bauch ist sehr schmerzhaft; er trifft empfindliche Nerven.

Bei der Bauchübung spüren wir die Wärme tief im Bauch, dort ist die wärmste Stelle des Körpers. Es geht darum, diese Wärme zu fühlen. Dabei verbinden wir die Wärme der Beine und Arme und machen sie ganzheitlich spürbar: Der gesamte Körper ist schwer und warm. Diese Übung macht uns unser Wohlbefinden bewußt. Wenn wir einen warmen Bauch haben, ist uns wohl. Mit der Bauchübung integrieren Sie den ganzen Körper im Autogenen Training; Sie fühlen ein wohliges warmes Fließen oder Strömen. Vielleicht spüren Sie auch ein Rumoren oder Gurgeln oder haben einfach ein angenehmes, weiches und lockeres Gefühl im Bauch. Lassen Sie geschehen, was von selbst kommt, und genießen Sie es.

Bei dieser Übung sprechen wir das Sonnengeflecht an. Das ist ein Nervenknoten, der den gesamten Bauchraum, die ganze Verdauung steuert. Er heißt mit dem Fachwort *Solarplexus* oder *Plexus solaris* und ist der größte Nervenknoten neben dem Gehirn. Wenn wir mit dem Sonnengeflecht arbeiten, erreichen wir auf einen Schlag den ganzen Bauchraum, den gesamten Verdauungsapparat und alles, was dazu gehört: Leber, Galle, Nieren, Milz, Bauchspeicheldrüse, Nebennieren, Magen und Dünndarm. Damit beeinflussen wir alle Bauchorgane positiv.

Das Sonnengeflecht liegt in der Mitte des Körpers, hinter dem Magen und vor der Wirbelsäule. Mit der Sonnengeflechtsübung erreichen wir unsere Mitte, unser Zentrum. Hier wird deutlich, was wir schon vorher mit dem Autogenen Training angebahnt haben: Wir begeben uns in unsere Mitte, wir zentrieren uns, so daß wir aus unserer Mitte heraus agieren und reagieren können. Das Wort »konzentrieren« enthält auch das Wort »zentrieren«, wir zentrieren uns also, indem wir uns konzentrieren.

Die Sonnengeflechtsübung lautet:

Sonnengeflecht strömend warm

oder:

Solarplexus strömend warm

oder auch:

Bauch strömend warm

Wenn Sie etwas anderes als eine strömende Wärme empfinden, können Sie zum Beispiel auch denken:

Bauch angenehm warm
Bauch weich, locker, gelöst

Wie lokalisiert man das Sonnengeflecht? Sie können es spüren, wenn Sie mit dem Daumen an das Brustbein fassen, den kleinen Finger in den Bauchnabel stecken und dazwischen in der Mitte fest hineindrücken. Der Schmerz, den Sie da spüren können, kommt vom Sonnengeflecht.

Die Mitte finden

Ich habe oben angetönt, daß Sie mit dieser Übung Ihre körperliche Mitte finden können. Da Körper, Seele und Geist eine Einheit bilden, finden Sie damit auch Ihre psychische Mitte. Das ist für mich einer der wichtigsten Aspekte des Autogenen Trainings. Oft sind wir nicht in unserer Mitte, in unserem Zentrum. Die Folge davon ist, daß wir den Überblick verlieren, die Aktions- und Reaktionsmöglichkeiten beschränkt sind, daß wir unter Druck geraten, und, wenn wir unsere Mitte nicht bald wiederfinden, schlimmstenfalls in einen Teufelskreis von Streß, Überforderung, Angst und Überarbeitung geraten, der schwer zu durchbrechen ist. Wir haben den Überblick verloren, sehen lediglich unser eigenes Strampeln, keine Ausweichmöglichkeiten mehr. Wir reagieren nur noch, und da wir unter Streß stehen, sehen wir nicht mehr alle Reaktionsweisen, sondern vielleicht bloß eine – und das kann fatale Folgen haben. Dabei gibt es immer mehrere Möglichkeiten, zu reagieren. Noch besser ist es, selbst agieren zu können.

Das Autogene Training hilft uns hier. Es hilft uns, unser Zentrum, unsere Mitte wiederzufinden. Indem wir uns ein wenig Zeit dafür nehmen, können wir uns vom Alltagsgeschehen abkoppeln und uns mit uns und unseren Befindlichkeiten beschäftigen. Das ermöglicht uns, den Überblick wieder zu gewinnen, wir sehen über den Rand hinaus und können Prioritäten setzen. Aus der Mitte heraus vermögen wir viel ruhiger und überlegter zu agieren, und wir stehen weniger unter Streß. Übermäßiger Streß entsteht hauptsächlich, wenn wir einer Sache nicht mehr gewachsen sind, wenn wir den Überblick verloren haben. Im übrigen ist Streß an sich ja gesund, nur ein Zuviel davon ist ungesund.

Kurz, wer zentriert ist, behält einen kühlen Kopf und damit den Überblick.

Hilfen

Sie können das Autogene Training mit der Bauchübung zunächst direkt nach einer Mahlzeit machen, wenn der Magen sowieso spürbar ist. Zu diesem Zeitpunkt ist die Verdauung voll in Gang, der Magen und die Bauchorgane sind gut durchblutet, viel Energie wird für die Verdauung gebraucht, und so können Sie die Wärme im Bauch gut fühlen.

Eine andere Möglichkeit ist, vor dem Autogenen Training eine heiße Tasse Tee zu trinken und zu fühlen, wie sich die Wärme anschließend im Bauchraum verteilt.

Vor vielen Jahren hatte eine Kursteilnehmerin verstanden, man solle eine Tasse Tee auf den Bauch stellen, um die Wärme zu spüren. Diese Vorstellung störte sie sehr, es kam ihr unsinnig vor, und sie mußte dabei immer lachen. Ich weiß nicht, warum sie diese Vorstellung entwickelte, vielleicht hatte ich mich unsorgfältig ausgedrückt, oder sie hatte etwas falsch verstanden. Leider erfuhr ich dies erst einige Jahre später, sie konnte diese Vorstellung nicht mehr korrigieren und hatte nichts von der Bauchübung. Ein unüberlegt dahergesagter oder falsch verstandener Satz kann also großen Schaden anrichten.

Man kann sich auch etwas vorstellen, zum Beispiel eine kleine, wärmende Sonne im Bauch, wie die Sonne wärmend auf den Bauch scheint oder wie sich der heiße Tee im Magen ausbreitet. Doch wie Sie bereits wissen, ist es nicht nötig, sich solche Vorstellungen zu machen. Das Unbewußte hat bereits viele Bilder und Vorstellungen, was Wärme betrifft, und so müssen wir nur das Wort »Wärme« denken, und wir können die vorhandene Wärme im Bauch spüren. Oder wir denken »Bauch« und werden uns der Gefühle im Bauch bewußt.

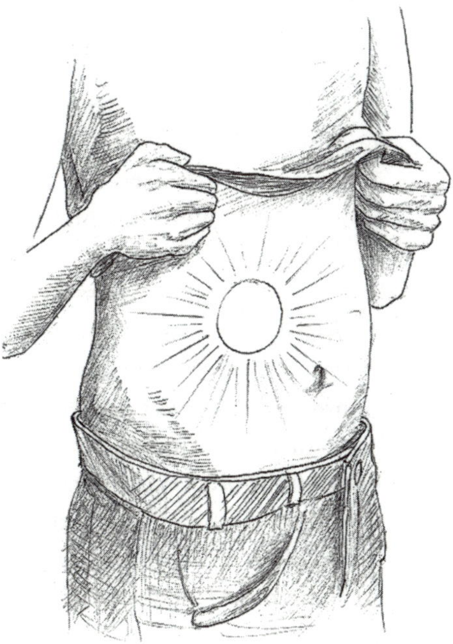

35 Die Sonne im Bauch

Denken Sie daran, die Bauchübung rundet das Autogene Training ab, sie läßt Sie Ihr Zentrum, Ihre Mitte finden. Genießen Sie dieses warme, weiche, runde und lockere Gefühl, das Ihnen das Training vermittelt. Sie können sich ganz gehen lassen und das, was im Autogenen Training abläuft, geschehen lassen.

Der Ablauf des Trainings

Auch die Bauchübung bauen Sie vorerst in den Ablauf ein, ohne das ganze Autogene Training zu verlängern. Das bedeutet, daß Schwere, Wärme, Herz- und Atemübung kurz gedacht werden müssen und der Rest der Übung dann mit der Bauchübung verbracht wird. Die Schwere- und Wärmesätze können Sie weiter verkürzen, so daß allenfalls nur gerade noch das Schlüsselwort übrig bleibt.

Die Übung läuft jetzt folgendermaßen ab:

Als Einstieg denken Sie ein-, zweimal während des Ausatmens **Ganz schwer** oder nur **Schwer.** Dann folgt **Ganz warm** oder **Warm,** ebenfalls ein- bis zweimal während des Ausatmens. Jetzt folgt der Ruhesatz **Ich bin ganz ruhig** oder **Ganz ruhig,** dann **Herz ruhig und kräftig** oder einfach **Herz,** danach nochmals **Ganz ruhig.** Schließlich machen Sie die Atemübung: Sie denken **Atmung ganz ruhig – es atmet mich** einmal während des Ausatmens. Beobachten Sie den Atem während etwa zweier Atemzüge. Jetzt können Sie mit der Bauchübung beginnen, indem Sie drei- bis viermal die Formel **Sonnengeflecht strömend warm** denken. Spüren Sie, wie sich die Wärme im Bauch ausbreitet? Oder fühlen Sie eine andere schöne, wohlige Empfindung? Genießen

Sie den Zustand des Autogenen Trainings voll und ganz. Dazu dürfen Sie zwischendurch auch mal ein längeres Training machen.

Wenn Sie das Gefühl haben, die Zeit für das Autogene Training sei um, atmen Sie tief durch und nehmen intensiv und gründlich zurück. Dies bewirkt oft einen Energieschub, und Sie fühlen sich erfrischt und bereit zu neuen Taten.

Ihre Notizen

9 Die Stirnübung

Mit der Stirnübung bringen wir das Autogene Training zu einem krönenden Abschluß. Mit dem Training haben wir uns bisher in ein wohliges, tiefes Körpergefühl und in einen guten Kontakt mit dem Unbewußten gebracht und uns in eine mehr oder weniger tiefe Trance versetzt. Dieser schönen, tiefen Gefühle gewahr zu werden, hilft uns die Stirnübung: Sie läßt uns diesen gelösten, gelockerten Zustand vom Kopf, vom Verstand, vom Bewußten her beobachten und noch mehr genießen.

Auch unser Haupt reagiert stark auf Streß. Bei Nervosität, Angst, Scham, Wut oder in Konfliktsituationen steigt das Blut in den Kopf. Wir bekommen einen heißen Kopf, werden rot, können nicht mehr klar denken und verlieren den Überblick. So lassen wir uns vielleicht zu unüberlegten Reaktionen hinreißen, und möglicherweise zerschlägt man damit noch mehr Geschirr, was die ganze Sache peinlicher macht.

36 Der Hitzkopf

Sie kennen bestimmt einen Hitzkopf, der bei jeder Kleinigkeit aufbraust und wütend reagiert. Möchten Sie ein solcher Hitzkopf oder nicht doch lieber ein cooler Typ sein? Daß es gesünder ist, einen kühlen Kopf zu bewahren, wissen die Menschen schon lange:

Den Kopf halt kalt, die Füße warm –
das macht den besten Doktor arm!
oder: *Die Füße warm, den Kopf halt kalt –*
dann wirst du hundert Jahre alt!

Hier setzt das Autogene Training mit der Stirnübung ein, die uns hilft, in jeder Situation einen kühlen Kopf zu bewahren. Die Übung lautet:

Stirn angenehm kühl

Weshalb soll nun plötzlich etwas kühl sein, nachdem wir bisher immer mit Wärme gearbeitet haben? Bei Streß, Aufregung, Angst und bei Angriffen fließt mehr Blut in den Kopf und weitet so die Blutgefäße. Ursprünglich, in der Frühzeit des Menschen, war das eine sinnvolle Reaktion, denn sie machte bereit zur Verteidigung, zum Gegenangriff oder zur Flucht; die Reaktion mußte in erster Linie kraftvoll und schnell sein. Dieser Reflex ist bis heute geblieben, wir haben jedoch Möglichkeiten, ihn zu kontrollieren. Flucht, Gegenangriff oder Verteidigung sind heutzutage nicht mehr unbedingt sinnvoll. Wir müssen über unsere Reaktionen entscheiden können, es ist wichtig, überlegt und autonom zu handeln, und dies ist mit einem von Blut überschwemmten Kopf nicht möglich.

Wenn die Blutgefäße im Kopf zu weit eingestellt sind, wird er mit Blut überschwemmt – man sieht rot, kann nicht mehr klar denken, nicht mehr klar sehen, bekommt einen roten Kopf und so weiter. Vielleicht kennen Sie das; der Ausdruck »blinde Wut« drückt dies sehr gut aus. Die Blutgefäße müssen genau richtig eingestellt sein, damit der Kopf, also das Hirn, richtig arbeiten kann. Auch zu enge Blutgefäße bewirken unter Umständen Störungen; Menschen mit Neigung zu Kopfschmerzen haben bei kühlem oder kaltem Haupt schnell Kopfweh.

Wenn Sie zu diesen Menschen gehören, sollten Sie die Formel für die Stirn leicht abändern, zum Beispiel:

Stirn angenehm warm

oder

Stirn ein wenig warm

Auf keinen Fall dürfen Sie sich eine eiskalte Stirn oder einen Eisblock auf der Stirn vorstellen, denn so handeln Sie sich möglicherweise währschafte Kopfschmerzen ein. Vielleicht möchten Sie lieber eine der folgenden Formeln wählen, die vor allem für Migräne- und andere Kopfwehpatienten sehr geeignet sind:

Kopf hell und klar
Kopf klar und frisch
Kopf hell, klar und leicht
Bewußtsein hell und wach
Bewußtsein hell und leicht
Kopf ganz frei

Wenn Sie diese Übung machen, werden Sie vielleicht einen kühlen Lufthauch an der Stirne oder ein anderes angenehmes Gefühl wahrnehmen, oder Sie spüren, wie sich die Stirn, das Gesicht und der Kopf noch mehr lockern und lösen.

Die Stirnübung fördert das Bewußtsein des ganzen Autogenen Trainings, das heißt, Sie werden sich der ganzen Tiefe und Gelöstheit im Autogenen Training bewußter. Anfänglich werden Sie das möglicherweise wie einen Widerspruch empfinden: die Schwere, Wärme und Gelöstheit des Körpers einerseits und andererseits der kühle, frische Kopf. Dieser vermeintliche Widerspruch kann Sie sogar ein bißchen aus dem Training herausholen. Das ist mit ein Grund, weshalb die Stirnübung an den Schluß des Autogenen Trainings gesetzt wird. Während der ersten paar Monate setzen Sie die Leitsätze noch vor die Stirnübung, einfach, um diesem Effekt vorzubeugen.

Später werden Sie in der Lage sein, einen kühlen Kopf zu bewahren und gleichzeitig tief im Autogenen Training zu verharren und diesen Zustand sehr bewußt zu genießen. Dann ist auch der Zeitpunkt gekommen, die Leitsätze nach der Stirnübung einzubauen. Sie nutzen schließlich den Trancezustand, den Sie ganz bewußt erleben können, um einen Inhalt im Unbewußten zu verankern.

Der Ablauf des Trainings

Sie haben jetzt das Autogene Training während einiger Monate intensiv geübt und können es nach Bedarf einsetzen. Inzwischen sollten seine Wirkungen mehr oder weniger schlagartig aufgrund der Schlüsselwörter eintreten, wobei dies natürlich weitgehend davon abhängt, wie oft Sie geübt haben. Der Übungserfolg ist besser, je öfter Sie trainiert haben. Wenn Sie jeden Tag konsequent dreimal oder vielleicht ein bißchen mehr trainiert haben, werden Sie bessere Erfolge erzielen, als wenn Sie nur mit Mühe und Not ein- oder zweimal täglich oder gar überhaupt nicht trainiert haben. Auf jeden Fall sollten Sie mittlerweile auf alle überflüssigen Wörter verzichten und nur noch mit den Schlüsselwörtern, den Auslösern oder Schaltern des Autogenen Trainings, arbeiten können.

Das Training läuft jetzt folgendermaßen ab:

Als Einstieg denken Sie nur noch **Schwer** beim Ausatmen und lassen das Schweregefühl im ganzen Körper kommen. Vielleicht spüren Sie es sofort, vielleicht auch nicht, das spielt keine Rolle. Sie gehen beim nächsten Atemzug auf **Warm** über und fühlen gleich, wie sich auch die Wärme im ganzen Körper ausbreitet. Jetzt folgt die Ruheformel **Ruhe,** dann beim nächsten Atemzug **Herz.** Nun konzentrieren Sie sich auf die **Atmung** und beobachten sie während etwa zweier Atemzüge. Wieder die Ruheformel **Ruhe.** Danach fahren Sie mit der Bauchübung weiter, indem Sie ans **Sonnengeflecht** denken. Nun sollten Sie tief im Autogenen Training drin sein; wenn Sie Schwere und Wärme nicht gleich gespürt haben, spüren Sie sie bestimmt jetzt. Schließlich sind Ihre Leitsätze an der Reihe, wobei Sie darauf achten, immer nur ein Thema zu bearbeiten. Denken Sie diese einige Male intensiv. Nach ein paar Atemzügen können Sie auf die Stirnübung **Stirn angenehm kühl** oder eine passende Ersatzformel wechseln. Dabei werden Sie möglicherweise feststellen, daß diese Übung den Anfang vom Abschluß des Autogenen Trainings markiert – Sie fühlen sich vielleicht nur schon dadurch ein wenig erfrischt. Aus diesem Grunde sollte die Stirnübung abends vor dem Einschlafen nicht gemacht werden.

Zum Schluß nehmen Sie das Autogene Training wie gewohnt gründlich und intensiv zurück, und zwar auch dann, wenn Sie das Gefühl haben, die Stirnübung habe Sie genügend erfrischt. Die Zurücknahme muß auf jeden Fall erfolgen, damit Sie wieder frisch und aufmerksam der Welt gegenübertreten können.

Ihre Notizen

10 Die Leitsätze

Ich habe schon mehrfach den Begriff des »Leitsatzes« verwendet. Hier beschäftigen wir uns nun eingehend mit diesen Leitsätzen. Früher nannte man sie »Formelhafte Vorsätze«.

Zunächst möchte ich mich kurz mit diesen Begriffen auseinandersetzen. Schultz sprach ausschließlich von »Formelhaften Vorsätzen« oder der »Formelhaften Vorsatzbildung«. Später wurden in der Literatur Synonyme verwendet wie der »Wandspruchartige Leitsatz« und die »Individuelle Formel«. Schließlich gibt es Werke über Autogenes Training, die nur noch von »Leitsätzen« sprechen. Ich habe lange Zeit den Schultzschen Begriff des »Formelhaften Vorsatzes« bevorzugt, komme aber mehr und mehr dazu, »Leitsatz« zu verwenden. Zum einen wirkt der erste Begriff nämlich zunehmend kompliziert, verstaubt und veraltet, außerdem enthält er den etwas schalen Beigeschmack des Neujahrsvorsatzes, der schwer einzuhalten ist und schnell vergessen wird. Unsere Sprache wird ständig einfacher, besteht aus immer kürzeren Wörtern und Sätzen. Begriffe, die schwer zu verstehen sind, sind nicht eingängig. Die Forderung, kurz und prägnant zu formulieren, erfüllt der zweite Begriff. Zudem enthält der »Leitsatz« eine andere Komponente: Er soll uns anleiten, in eine bestimmte Richtung zu gehen, er soll uns den Weg zeigen, unsere Handlungsweise leiten. Somit leuchtet er uns den Weg, während der Vorsatz wie ein Hemmschuh wirkt, weil er schwer einlösbar ist. Der »Leitsatz« spricht das Unbewußte viel klarer an.

Im Autogenen Training ist die Beeinflußbarkeit, die Suggestibilität, sehr erhöht, weil wir uns in einem Trancezustand befinden. In diesem Zustand ist die Wirksamkeit von eigens formulierten Sätzen, wie zum Beispiel den Formeln des Autogenen Trainings oder den Leitsätzen, besonders hoch. Dabei spielt es keine Rolle, wie tief der Trancezustand ist; die Suggestibilität ist bereits bei einer leichten Trance stark erhöht. Außerdem hat man die Leitsätze meist selbst formuliert, und sie betreffen etwas, das man ändern möchte. Dies bewirkt ebenfalls eine große Motivation. Über die Leitsätze, die eigentliche Autosuggestionen darstellen, treten wir direkt in Kontakt mit dem Unbewußten und veranlassen es so, das zu bewirken, was wir wollen. Daher ist es wichtig, daß wir einerseits genau wissen, was wir wollen, und dies andererseits auch sehr überlegt formulieren. Dabei müssen die Formulierungsregeln genau beachtet werden, welche wir übrigens auch im normalen Sprachgebrauch verwenden können, um wirksamer zu kommunizieren.

Schon durch das Autogene Training – also noch ohne Leitsatzbildung – kann eine Verbesserung des Allgemeinzustandes erreicht werden. Dies erkennt man zum Beispiel, wenn jemand sagt: »Du hast dich in letzter Zeit verändert, bist ruhiger geworden, nimmst alles viel gelassener.« Problemzonen können plötzlich weniger problematisch sein, man merkt, daß man einen andern Umgang mit gewissen Gegebenheiten entwikkelt. Das Autogene Training setzt auch Selbstheilungskräfte in Gang, welche Verspannungen und Verkrampfungen lockern und lösen, vielleicht ohne daß Sie diese vorher bemerkt hätten. Das alles kann mit den Leitsätzen positiv unterstützt werden.

Die Wirkungsweise der Leitsätze

Leitsätze sprechen die tieferen Persönlichkeitsschichten an, sie richten sich direkt an das Unbewußte. In entspannter, gelöster Verfassung und wenn Sie sich dazu in einer leichten Trance befinden, erreichen die Leitsätze das Unbewußte schnell und ungefiltert. In diesem Zustand ist die Beeinflußbarkeit erhöht, sowohl für Suggestionen wie für Autosuggestionen. Gute Leitsätze sind kurz, prägnant und mit einem guten Gefühl verbunden. Sie werden vom Unbewußten direkt verstanden und umgehen die Filter des Bewußten.

Denken Sie an Werbeslogans: Diese sind kurz und eingängig formuliert und können vom Unbewußten aus direkt wirken – ohne vom Bewußten kontrolliert zu werden. Das bedeutet, daß das Produkt, für das geworben wird, eher gekauft wird.

Schlagen Sie einmal eine Tageszeitung oder eine Illustrierte auf, und sehen Sie sich die Werbesprüche an. Wie sind sie formuliert? Wie sind sie gestaltet? Wie werden Sie angesprochen? Was sollen sie bewirken? Oft sind Anzeigen in knalligen Farben gestaltet – Farben sprechen die rechte Hirnhälfte, also das Unbewußte, an. Viele Inserate sind dominant, füllen eine Seite oder sogar eine Doppelseite. Sie nehmen das ganze Gesichtsfeld ein, wodurch andere Wahrnehmungen größtenteils ausgeblendet werden. Solche Gestaltungsmittel sind Türöffner zum Unbewußten. Dazu werden Gefühle an-

37 Die Werbung als Vorbild für die Leitsätze

gesprochen, es ist die Rede von Sparen, Gewinnen, Genießen, von Geschenk, Rabatt, Neuheit, Freiheit, das Produkt ist kraftvoll, gut, besser, super und so weiter – alles Wörter, die positiv besetzt sind und gute Gefühle auslösen. Bilder von lachenden Menschen verstärken das positive Gefühl weiter. Dies gilt auch, wenn die Werbesprüche und -bilder zusätzlich lustig und humorvoll sind. Noch bessere Wirkung erzielt man, wenn möglichst kurze Wörter gewählt werden. Englische Wörter sind in, was auch positiv ist, und in der Regel kürzer als deutsche, und so heißen die einschlägigen Wörter oft: new, best, power, fun, win. Werbebotschaften können auch mehrdeutig formuliert sein, wodurch das Bewußtsein, das in der Regel linear und eingleisig denkt, verwirrt und überfordert wird. Alles in allem ist gute Werbung eine Breitseite auf unser Unbewußtes, und wir können uns dieser Wirkung kaum entziehen.

Die Leitsätze des Autogenen Trainings sollten sich an diesen Vorgaben orientieren. Wenn ein Leitsatz sloganartig, kurz und positiv formuliert ist und zudem mit einem guten Gefühl verknüpft wird, kann er seine Wirkung im Unbewußten voll entfalten. In der Trance ist die Aufnahmefähigkeit des Unbewußten stark erhöht, während die Kontrollfähigkeit des Bewußten vermindert ist. Dies schafft einen guten Nährboden für

Veränderungen, die wir mittels Leitsätzen anstreben. Denken Sie daran, das Unbewußte kann den Sinn eines Leitsatzes nicht hinterfragen, es führt aber den Befehl, der so übermittelt wird, kraftvoll aus. Daher ist es äußerst wichtig, den Leitsatz sorgfältig zu formulieren.

Wozu können Leitsätze verwendet werden?

Überlegen Sie sich einmal, ob es etwas gibt, das Sie in Ihrem Leben verändern möchten. Vielleicht neigen Sie dazu, aufzubrausen und dabei andere mit ungerechtfertigten Vorwürfen einzudecken? Haben Sie Probleme mit dem Selbstbewußtsein und fürchten sich, in einer Gruppe von Menschen etwas zu sagen? Oder stufen Sie Ihre Arbeiten, Tätigkeiten und Meinungen im Vergleich mit andern als minderwertig ein? Vielleicht leiden Sie unter starken Kopfschmerzen, oder Ihre Verdauung funktioniert nicht richtig? Möglicherweise haben Sie Probleme mit Warzen, Zysten oder ähnlichem? Sind Sie stark erkältungs- und grippeanfällig, oder leiden Sie unter Allergien? Gibt es Ängste, die Ihr Leben einschränken? Höhenangst, Flugangst, Angst vor dem Liftfahren, Prüfungsangst, Angst vor dem Chef, vor Nachbars Hund oder vor Spinnen und Mäusen?

All dies und vieles mehr kann Ihr Leben beeinträchtigen, und vieles kann mit der Leitsatzbildung im Autogenen Training angegangen werden. Das Training hilft Ihnen auch, Abstand zu gewinnen und somit den Überblick besser zu bewahren. Wenn Sie Abstand und Überblick haben, sehen Sie auch verschiedene Handlungs- und (Re-)Aktionsmöglichkeiten.

Das Autogene Training und die Leitsätze können

Ihnen in vielfältiger Hinsicht helfen, Ihre Probleme und Schwierigkeiten besser in den Griff zu bekommen.

Was genau ist ein Leitsatz?

Im Grunde genommen ist jede Formel des Autogenen Trainings bereits ein Leitsatz und zeigt ungefähr, wie solche Sätze gebildet werden müssen: Ein Leitsatz ist eine Kurzformel, eine Autosuggestion, die die Lösung eines Problems enthält. Dabei müssen Sie aber darauf achten, daß Sie das Problem wirklich erkennen, so daß Sie nicht einfach ein Symptom behandeln.

In einem Kurs war einmal ein Mann mittleren Alters, der darüber klagte, er sei am Abend oft mißgestimmt. Nun könnte man natürlich schnell einen Leitsatz finden wie: »Am Abend bin ich fröhlich« oder »Ich bin fröhlich.« Ich wollte jedoch wissen, weshalb er am Abend nach getaner Arbeit nicht zufrieden sei. So gingen wir der Sache auf den Grund, was nicht ganz einfach war. Schließlich kam heraus, daß der Mann jeweils Arbeit vom Büro nach Hause genommen hatte. Genau hier lag das Problem. Schon während des Nachtessens dachte er darüber nach, wie er sich verziehen könnte, um zu arbeiten. Entschied er sich, mit den Kindern oder der Frau etwas zu unternehmen, hatte er dabei ein schlechtes Gewissen, weil er sich ja im Geschäft vorgenommen hatte, abends zu arbeiten. Wenn er sich aber dazu entschied, nach dem Essen zu arbeiten, hatte er gegenüber Frau und Kindern ein schlechtes Gewissen. So war das schlechte Gewissen in jedem Falle programmiert. Wie sollte er da fröhlich sein können? Sein Leitsatz hieß daher: »Ich lasse die Arbeit im Geschäft.« Um dies bewerkstelligen zu können, mußte er in seinem Tagesablauf ein paar Veränderungen vornehmen, konnte jedoch seinen Feierabend entlasten, und die gewünschte Fröhlichkeit trat denn auch ein.

Die Bildung der Leitsätze

Sie erinnern sich an den Abschnitt über die Werbung. Von der Werbung können wir sehr viel lernen, was Leitsätze betrifft. Hier haben wir viel Anschauungsmaterial. Einige Regeln möchte ich im folgenden näher erläutern:

Die positive Formulierung

Es gibt verschiedene Kriterien, wie Leitsätze, also Autosuggestionen, gebildet werden sollen, damit sie wirksam sind. Wirksam sind sie vor allem, wenn sie positiv formuliert sind. Das Unbewußte versteht nur positive Formulierungen, mit negativen kann es nichts anfangen, ja sie bewirken allenfalls sogar das Gegenteil dessen, was wir erreichen möchten.

Der Grund dafür ist, daß das Unbewußte mit Bildern arbeitet. Egal, ob Sie die Bilder vor dem inneren Auge sehen oder nicht, das Unbewußte hat sie auf jeden Fall zur Verfügung, sonst könnten Sie die Bedeutung der Wörter gar nicht verstehen. Oft wird in der Literatur und in Kursen empfohlen, sich etwas bildlich vorzustellen, dies unterstütze die Wirksamkeit der Formel. Das ist schön und gut, wenn Sie visualisieren können – viele Menschen können das aber nicht. Trotzdem verstehen sie, was gemeint ist, weil das Unbewußte die Bilder zur Verfügung hat. Weshalb stehen die Bilder dem Unbewußten zur Verfügung?

Wir alle haben uns im Verlaufe unseres Lebens innere Landkarten erstellt, die die Wirklichkeit abbilden. Die sogenannte Wirklichkeit, die Landschaft, Bäche, Seen, Wälder, das Wetter und so weiter, könnte auch ohne uns Menschen bestehen. Der Mensch hat in diese Wirklichkeit eingegriffen und weiteres geschaffen: Häuser, Straßen, Gegenstände ... All dies nehmen wir über unsere Sinne, Augen, Ohren, Haut, Nase, Mund, Hände, wahr. Wie wir dies tun, ist von Mensch zu Mensch verschieden, denn das ist abhängig von vielen Umständen – Erfahrungen und unserer eigenen Entwicklung –, die wiederum stark durch unser Bewußtsein geprägt sind. Da jeder eine eigene Entwicklung durchmacht, ist auch seine Wahrnehmung persönlich geprägt. Deshalb hat kein Mensch die gleiche Wahrnehmung der Wirklichkeit wie ein anderer. Dazu kommt, daß jeder anders gewichtet – wir nehmen vor allem das wahr, was für uns wichtig ist.

Denken Sie einmal an Tiere. Ein Hund, ein Esel oder ein Löwe nimmt das wahr, was für ihn wichtig ist, und das ist jeweils etwas anderes. Also sieht die Wirklichkeit für jedes Tier wieder anders aus. Oder denken Sie zum Beispiel an eine Biene, die eine Blüte besucht. Wie nimmt die Biene die Blüte wahr? Wie empfindet die Blume den Besuch der Biene? Hier gibt es Wirklichkeiten, die sich vollständig von unseren Wahrnehmungen unterscheiden. So kommen wir zur philosophischen Frage, was denn die Wirklichkeit überhaupt sei, ob sie das ist, was außerhalb des Wahrnehmenden für sich selbst existiert, oder ob sie erst im Wahrnehmenden durch die Wahrnehmung entsteht.

Das Unbewußte nimmt die Wirklichkeit über die Sinne wahr und speichert sie als Bilder, Geräusche, Gerüche ab. Vermutlich haben Sie auch schon einmal einen bestimmten Geruch wahrgenommen, der plötzlich Erinnerungen aus der Kindheit weckte. Dieser Geruch, den Sie vielleicht seit Ihrer Kindheit nie mehr gerochen haben, ist der Schlüssel zu Bildern aus der Vergangenheit. Die sind vorhanden, denn alles, was Sie einmal wahrgenommen haben, bewußt oder unbewußt, ist gespeichert und kann durch bestimmte Türöffner, Schlüssel oder Auslöser wieder hervorgeholt werden.

Das Wahrgenommene ist also ein Abbild, ein Bild dessen, was außerhalb von uns existiert. Dieses wird durch das Bewußte und das Unbewußte fortlaufend gewertet und eingeordnet, und so entsteht eine Landkarte, nach der wir uns in der Welt orientieren.

Das Ursprüngliche, das Original, das wir für diese Orientierung zur Verfügung haben, ist das Bild. Dieses entsteht zuerst. Später, schon im Kleinkindesalter, entsteht ein erster Code, um diese Bilder zu benennen: die Sprache. Der Mensch fängt an, seine Welt über die Sprache zu ordnen und zu verstehen. Die Sprache wird über das Gehör gespeichert, die Wörter werden den Bildern zugeordnet und mit ihnen fest verkoppelt. Über das gesprochene Wort wird das Bild aktiviert, und somit verstehen wir den Sinn des Gesagten. Später, in der Schule, lernen wir lesen und schreiben, und so erhalten die Bilder und die gesprochene Sprache einen weiteren Code: die Schrift. Auch das Schriftbild wird mit dem Bild und dem Wort fest verkoppelt, so daß wir das Wort verstehen, wenn wir es geschrieben sehen. Auch hier wird über das geschriebene Wort das Bild aus dem Unbewußten aktiviert, und wir verstehen den Sinn. Wenn wir weitere Sprachen lernen, so lernen wir einfach neue Codes für die bereits gespeicherten Bilder.

Wir sind davon ausgegangen, daß das Unbewußte mit Bildern arbeitet und nur positive Anweisungen versteht, weil es keine negativen Bilder gibt. Bei Fotos gibt es zwar Negative, dies sind aber auch Bilder, die Farben oder Grautöne sind einfach anders.

Machen wir ein kleines Experiment. Versuchen Sie einmal, nicht an einen gelben Elefanten zu denken. Ist Ihnen das gelungen? Können Sie *nicht* an einen gelben Elefanten denken? Damit Sie diesen Satz überhaupt verstehen können, müssen Sie das Bild des Elefanten aktivieren, und den können Sie dann gelb einfärben, obwohl es gelbe Elefanten in Wirklichkeit nicht gibt. Dies ist, wie auch die Negation, eine Denkleistung. Wir verstehen den Satz sehr wohl, das Bewußte versteht auch die Negation, aber das ist nur möglich, weil das Bild (positiv) vorhanden ist. Das Unbewußte versteht die Negation jedoch nicht, es kann auch keine Denkleistungen vollbringen. Deshalb ist es wichtig, daß wir unsere Suggestionen, die wir ja ans Unbewußte richten, positiv formulieren. Positiv heißt, daß das Wort nicht durch eine Verneinung ins Negative verkehrt wird. Dazu möchte ich einige Beispiele anführen:

- »Vergiß nicht!« ist eine negative Wortfolge. Besser wäre: »Denk daran!«
- Sagt der Arzt zum kleinen Kind, bevor er eine Spritze gibt: »Du mußt keine Angst haben, es tut nicht weh!«, so bekommt das Kind trotzdem Angst und fängt an zu weinen. Es versteht nur den positiven Wortwert, also »Angst« und »weh«, weil es in der beängstigenden Situation, in der die Suggestibilität ohnehin gesteigert ist, die Verneinungen nicht hört oder nicht einordnen kann. Zudem lügt der Arzt das

Kind an, denn eine Spritze tut weh, und durch die Verkrampfung, in der sich das Kind befindet, schmerzt sie noch mehr.

- Es gibt Wörter, die durch die Vorsilbe ins Negative gekehrt werden: Unsinn, Entspannung, Unglück, Enttäuschung und so weiter.

Bei den Leitsätzen ist es also wichtig, positiv zu formulieren, damit das Unbewußte genau versteht, was gemeint ist, und dies auch umsetzen kann.

In der Kürze liegt die Würze

Sprüche und Redewendungen sind oft sehr eingängig und deshalb auch für das Autogene Training geeignet. Ein Leitsatz soll kurz und sloganartig, plakativ sein. Er soll die Lösung des Problems in wenigen, klaren Worten ausdrücken. Vages Gerede wirkt abschwächend, weil es vom Unbewußten nicht verstanden wird.

Anstatt einen Leitsatz so zu bilden: »Also, ich möchte gern, wenn's geht, vielleicht ein bißchen ruhiger werden«, formulieren Sie ihn besser: **Ich bin ruhig.** Dies ist ein klarer Befehl ans Unbewußte, die Aufforderung, einen bestimmten Zustand zu erreichen. Die Formulierung in der Gegenwart nimmt das Ziel vorweg und veranlaßt das Unbewußte, den Zustand der Ruhe, für den es ja mannigfaltige Bilder hat, herzustellen. Das Unbewußte kann nicht zwischen Gegenwart und Zukunft oder ähnlichem unterscheiden, weil es mit Bildern arbeitet. Solche Unterscheidungen sind Denkleistungen, die mit dem Ordnen der Welt, also dem Erstellen von Landkarten, einen Zusammenhang haben.

Außerdem geben Sie Ihrem Unbewußten einen Befehl, den es zu befolgen hat: **Ich bin ruhig,** und Sie erwarten, daß der Zustand der Ruhe eintritt. Wenn Sie das Autogene Training gut eintrainiert haben, dann haben Sie mit dem Satz **Ich bin ganz ruhig** einen Ruheschalter eingebaut, den Sie jederzeit betätigen können. Damit haben Sie ein Stück weit Kontrolle über sich und Ihre Reaktionen erlangt. Das Autogene Training hat unter anderem zum Ziel, daß Sie Kontrolle über sich erlangen, das heißt, selbst zuständig und verantwortlich für Ihre Reaktionen und Ihre Gefühle sind. Sie können zum Beispiel eine Wutreaktion nicht mehr auf jemand anders abschieben (»Er hat mich wütend gemacht«), sondern müssen die Verantwortung für Ihre Wut selbst übernehmen. Mit dem Satz **Ich bin ganz ruhig** haben Sie ein Steuerungsinstrument in der Hand.

Ich benutze manchmal das Bild des Schaltkastens. Viele Menschen tragen ihren Schaltkasten offen auf der Brust. Jeder kann auf den Knöpfen herumdrücken und somit Reaktionen auslösen. So kann ein Mensch einen andern mit bestimmten Worten, Sätzen oder Taten auf die Palme bringen: »Jetzt hast du schon wieder die Zahnpastatube offen gelassen! Ich hab dir schon hundertmal gesagt, du sollst sie schließen!« – »Schließ doch die Tür, wenn du heimkommst! Immer muß ich es dir sagen!« – »Sprich nicht mit vollem Mund!« Sie kennen sicher solche und ähnliche Reden und deren Auslöser. Wenn es Sie auf die Palme bringt, daß Ihr Sohn die Haustüre nie abschließt, wenn er heimkommt, ist das Ihr Problem, nicht das Ihres Sohnes. Vielleicht macht er es ja absichtlich, nur um sich daran freuen zu können, wie Sie in die Luft gehen. Er drückt auf Ihre Schalttafel, und Sie reagieren. Wir alle kennen Schwachpunkte unserer Mitmenschen. Manchmal nützen wir sie auch aus. Oft passiert das aber auf einer oder beiden Seiten unbewußt. Die Ausführungen oben zeigen Ihnen, daß Ihr In-die-Luft-Gehen Ihre eigene Reaktionsweise ist, für die Sie die Verantwortung übernehmen müssen. Wenn Sie das erkennen, können Sie dem andern nicht mehr die Schuld dafür in die Schuhe schieben.

Es ist Ihr eigenes Problem, und deshalb können Sie etwas dagegen tun. Sich selbst können Sie ändern, nicht aber Ihre Mitmenschen. Ihr Sohn wird genau so lange die Tür nicht abschließen, wie er Sie damit ärgern kann. Wenn es Ihnen nichts mehr ausmacht und Sie ihn vielleicht sogar in die Verantwortung nehmen können, wird das von selbst aufhören. Wie können Sie jedoch erreichen, daß weder Ihr Sohn noch andere Menschen weiter an Ihrer Schalttafel herumdrücken? Sie können sie verdecken, indem Sie sich in solchen Situationen sagen: **Ich bin ganz ruhig.** Das wird nicht leicht sein und nicht von einem Tag auf den andern funktionieren, aber nach und nach werden Sie Ihre Reaktionen besser unter Kontrolle halten können und lernen zu agieren, statt nur zu reagieren.

Genau so verhält es sich mit andern Leitsätzen. Sie übernehmen die Verantwortung für eine Veränderung und veranlassen das Unbewußte, Ihnen zu helfen, diese Veränderung herbeizuführen. Dazu muß aber das Verhältnis Bewußtes – Unbewußtes geklärt werden. Wer ist der Chef? Wer hat das Sagen? Sie müssen die Kompetenzen abstecken; das Bewußte kann nicht für alles verantwortlich sein. Denken Sie nur daran, Sie müßten beim Gehen jeden Muskel bewußt bewegen oder ein gutes Essen bewußt verdauen. Diese und viele anderen körperlichen Vorgänge oder Dinge, die wir einmal gelernt haben und die ins Unbewußte abgesunken sind, gehören zum Kompetenzbereich des Unbewußten. Das

Unbewußte weiß am besten, wie es die Herzfrequenz steuern oder die Umschaltung vom Sympathikus auf den Parasympathikus vornehmen kann und wie die Nieren oder die Milz funktionieren sollen.

Wenn bereits eine Störung vorliegt, können wir glücklicherweise vom Bewußten aus Einfluß nehmen, zum Beispiel wie die Frau, die mit der Formel **Darm ganz ruhig** ihr Verdauungsproblem löste. Sie gab damit dem Unbewußten eine Zielvorgabe, das Problem zu lösen, ohne daß sie sich dank dem vorherigen Autogenen Training über das Wie Gedanken zu machen brauchte. Auch bei anderen Dysfunktionen können wir auf diese Weise die körpereigenen Heilkräfte aktivieren und einen verbesserten Zustand erreichen. Wichtig ist immer, das Ziel vorzugeben und den Weg für das Unbewußte offen zu lassen. Hilfreich kann allenfalls sein, sich das Ziel zusätzlich bildhaft vorzustellen, wenn Sie gut visualisieren können. Da das Unbewußte über alle nötigen Bilder verfügt, ist das Visualisieren für den Erfolg jedoch keine Voraussetzung.

Was sind die Kompetenzen des Bewußten, Ihre eigenen Kompetenzen? Sie sind verantwortlich für Ihre Gedanken, Ihre Aktionen und Reaktionen, für das, was Sie erreichen wollen, für Ihre Handlungen und Unternehmungen. In diesen Bereichen haben Sie Weisungsbefugnis über das Unbewußte. Wenn Sie für das Unbewußte verständlich formulieren, wird es Sie in der gewünschten Art unterstützen.

Reime

Wir haben also gelernt, daß die Leitsätze kurz und positiv, sloganartig und plakativ sein sollen. Das sind die wichtigsten Faktoren. Hilfreich kann sein, wenn ein

Reim darin enthalten ist, wie zum Beispiel im folgenden Leitsatz: **Überall und jederzeit / Ruhe und Gelassenheit.** Auch Stabreime sind sehr wirksam, wie zum Beispiel: **<u>W</u>ohlige <u>W</u>ärme durch<u>w</u>allt mich in <u>W</u>ellen.**

In einem meiner Kurse war einmal eine Frau, die in einen andern Ort umziehen sollte. So ein Unterfangen ist bekanntlich sehr aufwendig, und die Frau klagte darüber, wie ihr diese ganze Zügelei auf dem Magen liege. Sie freue sich zwar darauf, im neuen Ort neu zu beginnen, aber der Umzug bereitete ihr doch ziemlich Kopfzerbrechen. Wir besprachen dies eine Weile und versuchten einen passenden Leitsatz zu finden, der ihr das Ganze erleichtern könnte. Schließlich kamen wir auf: »Ich zügle zünftig und zackig!« Wir lachten alle herzhaft darüber. Am Schluß des Kurses, als die Zügelei schon vorbei war, kamen wir nochmals darauf zurück: Sie war wirklich gut über die Bühne gegangen, obwohl diese Frau gar nicht mehr an ihren Leitsatz gedacht hatte. Dies ist ein schönes Beispiel dafür, daß ein Leitsatz, wenn er gut, humorvoll und – in unserem Fall – in einer wohlwollenden und freundschaftlichen Atmosphäre gebildet wurde, sofort ins Unbewußte absinken kann und von dort aus wirkt.

Arten von Leitsätzen

Es gibt verschiedene Arten von Leitsätzen. Die üblichen sind so formuliert, wie ich es bereits geschildert habe, und sprechen das an, was Sie wollen, und nicht das, was Sie nicht wollen. Wichtig ist auch, daß der Leitsatz persönlichkeitsgerecht ist, das heißt, zu Ihnen paßt, Ihnen sympathisch ist. Dies traf in hohem Maße im obigen Zügelbeispiel zu. Leitsätze aus Büchern tönen zwar gut und sind als Starthilfe zu begrüßen – wenn sie aber nicht zu Ihnen passen, nützen sie nichts.

Wenn Sie einen Leitsatz mit Energie aufladen, ist er besonders wirkungsvoll. Zwei Beispiele möchte ich dazu anführen: Als meine Frau vor Jahren eine Ausbildung absolvierte, sollte sie eines Abends einen Vortrag halten. Ausgerechnet an diesem Tag stellte sie fest, daß sie auf der Zunge einen störenden Pickel hatte, der sie beim Sprechen behinderte. Ein solcher Pickel hat die Tendenz, mehrere Tage zu bleiben. Sie machte ihr Autogenes Training und setzte den folgenden Leitsatz ein: »Du blöder Pickel, verschwinde!« Dies dachte sie ziemlich wütend, und siehe da: Bereits am Mittag war er verschwunden. Einen ähnlichen Leitsatz wandte ich einige Zeit später an, um die Warzen, die ich seit Jahren an den Füßen hatte, loszuwerden, nachdem alle andern Mittel versagt hatten. Meine Formel hieß: »Ihr dummen, ekligen Warzen, verschwindet!« Es dauerte ein bißchen länger, aber nach einem Monat waren sie weg.

Indifferenzformeln

Leiden Sie unter Ängsten, die Ihr Leben beeinträchtigen? Höhenangst, Klaustrophobie, Flugangst, Prüfungsangst, Angst vor dem Chef, vor Nachbars Hund oder vor Spinnen und Mäusen? Viele Menschen kennen das. Hier können die sogenannten Indifferenzformeln helfen. »Indifferent« heißt »gleichgültig«. Sagen Sie sich zum Beispiel: **Der Chef ist gleichgültig.** Diese Formel baut übermäßige Ängste ab, ohne daß Sie befürchten müssen, deswegen gleich frech oder unhöflich zu werden. Es geht nur darum, den übermäßigen Gefühlsanteil auf ein gesundes Maß herunterzubringen.

Antizipationstraining

Wenn die Ängste größer sind und eine Indifferenzformel keine oder zuwenig Linderung bringt, können Sie ein Antizipationstraining machen. »Antizipieren« heißt »vorwegnehmen«, Sie nehmen die angstmachende Situation also vorweg und denken im Geiste so lange daran, bis sich die Angst reduziert und Sie die Situation auch in Wirklichkeit durchstehen können. Sie gehen dazu folgendermaßen vor:

Nehmen Sie eine Haltung fürs Autogene Training ein. Beginnen Sie wie gewohnt mit den Übungen. Wenn Sie so richtig tief im Training drin sind, stellen Sie sich die angstmachende Situation möglichst plastisch, genau und detailliert vor. Hier ist es von Vorteil, wenn Sie gut visualisieren können; wenn nicht, denken Sie einfach so intensiv wie möglich an diese Situation. Sobald Sie Angst spüren, brechen Sie die Übung ab, machen noch ein wenig Autogenes Training und nehmen schließlich gut und gründlich zurück. Das nächste Mal können Sie vielleicht ein bißchen länger in der angsteinflößenden Situation bleiben. Wiederholen Sie diese Übung so lange, bis Sie das Ganze angstfrei oder mit nur wenig Angst durchdenken können. Dann sind Sie bereit, in die reale Situation einzusteigen. Diese wird bestimmt noch etwas Angst auslösen, mehr als in der Gedankenübung, aber sicher weniger als früher.

Wie lange soll ein Leitsatz angewendet werden?

Solche Leitsätze, wie sie oben ausgeführt sind, sollten Sie etwa einen Monat lang anwenden. Nach dieser Zeit werden Sie eine Besserung des Zustandes erreicht haben, vielleicht müssen Sie auch noch eine Zeitlang damit weiterfahren. Jedenfalls sollten Sie nicht mehr als einen Leitsatz aufs Mal nehmen und sich voll auf diesen konzentrieren, dann ist er am wirkungsvollsten. Bedenken Sie, Sie behandeln ein Problem, das Sie möglicherweise bereits seit Jahren mit sich herumtragen, und können in ein oder zwei Monaten eine spürbare Verbesserung erzielen, ja vielleicht sogar das Problem lösen. Da lohnt es sich, mit dem nächsten noch eine Weile zu warten.

Folgendes möchte ich Ihnen außerdem nahelegen: Nehmen Sie sich nicht gleich von Anfang an das größte Problem Ihres Lebens vor, sondern etwas Kleineres, das nicht so wichtig ist. Auch die Arbeit mit Leitsätzen will eintrainiert sein. So können Sie verhältnismäßig leicht einen Erfolg erzielen, und dieser wird den Weg für den nächsten Erfolg ebnen, er neigt dazu, sich zu wiederholen. Leider ist dies auch bei Mißerfolgen der Fall. Nehmen Sie also trainingshalber etwas, das nicht so wichtig ist, bei dem Sie eventuell schon zum voraus wissen, daß Sie das Problem meistern können, und packen Sie dieses ins Autogene Training ein. Den Erfolg können Sie dann dem Training zuschreiben.

Es gibt auch kurzfristig wirkende Leitsätze. Haben Sie zum Beispiel ein schwieriges Gespräch vor sich? Machen Sie vorher ein Autogenes Training, und stellen Sie sich dabei Ihren Gesprächspartner und den Gesprächsverlauf vor. Prägen Sie sich das Ziel ein, das Sie erreichen wollen, und lassen Sie dabei den Weg offen. Stellen Sie sich Ihre eigene offene Haltung vor, indem Sie sich zum Beispiel vorsagen: **Ich bin ruhig und gelassen – ich bin ganz offen – ich höre gut zu – ich verste-**

he den andern – ich reagiere richtig – ich bin ich – ich weiß, was sagen – ich erreiche mein Ziel – ich bin ruhig und gelassen. Wichtig ist Ihre innere Haltung, daß Sie eine Win-win-Situation anstreben wollen.

Ein anderes Beispiel: Sie sind müde und nicht mehr konzentriert, können aber aus bestimmten Gründen nicht mit Arbeiten aufhören und Feierabend machen. Dies ist ein optimaler Zeitpunkt für ein Autogenes Training. Am besten machen Sie dieses sitzend, damit Sie nicht einschlafen. Geben Sie sich tief in das Training hinein, und denken Sie sich dann ungefähr die folgenden Sätze: **Das Autogene Training erfrischt mich – Energie fließt – ich lade mich auf – ich bin voll da – nach dem Autogenen Training bin ich erfrischt und energiegeladen – ich arbeite ruhig und konzentriert.** Danach nehmen Sie besonders intensiv und gründlich zurück – sie werden staunen, welche Wirkung das auf Sie hat!

Ein drittes Beispiel: Sie sind an einer kreativen Arbeit, und die Ideen gehen Ihnen aus. Hier hilft ein Autogenes Training ebenfalls: **Ich bin ich – ich schöpfe aus mir – die Ideen fließen – sie kommen von selbst – ich bin ruhig und gelassen – ich arbeite ruhig und konzentriert.** Auch hier ist es wichtig, sehr intensiv und gründlich zurückzunehmen.

Zum Schluß möchte ich betonen, daß Sie so etwas wie im zweiten Beispiel nur ausnahmsweise machen dürfen. Wenn Sie immer, wenn Sie müde sind und eigentlich ruhen müßten, die Ruhe oder den Schlaf durch Autogenes Training ersetzen, kann das gesundheitliche Folgen haben. Das Autogene Training ersetzt den Schlaf nicht; Schlaf umfaßt viele Komponenten, die im Training nicht enthalten sind, zum Beispiel das Träumen, das für eine gesunde Erholung sehr wichtig ist.

Wenn Sie merken, daß Ihnen ein Leitsatz sehr gut tut, ja, daß sie ihn geradezu brauchen, können Sie ihn für immer im Training belassen. Viele Anwender haben so einen Satz. Verspannte Schultern beispielsweise sind nicht einfach wegzubringen, denn sie deuten darauf hin, daß Sie Lasten, zum Beispiel Verantwortung, zu tragen haben. Und solange Sie diese tragen müssen, werden Sie eine Neigung zu verspannten Schultern haben. Dagegen können Sie folgenden Leitsatz anwenden: **Schulter-Nacken-Bereich weich, warm, locker, gelöst.** Ich selbst habe diesen Satz in mein tägliches Training eingebaut. Übrigens, wenn das Autogene Training aus sieben Übungen bestünde, wäre dieser Satz die siebte. Bei mehreren Kursteilnehmern wurde der folgende Satz zur siebten Übung: **Ich schlafe durch.**

Beispiele von Leitsätzen

Im folgenden möchte ich eine Auswahl von Leitsätzen anführen und vorgängig nochmals betonen, daß sie dann am besten wirken, wenn sie persönlichkeitsgerecht, das heißt Ihnen sehr gut angepaßt sind. Wenn Sie bei einer Formel Widerstände haben, müssen Sie sie ändern oder eine andere Formel wählen. Diese oder ähnliche Leitsätze sind in vielen Büchern über Autogenes Training zu finden:

Für allgemeines Wohlbefinden:

Energie fließt
Energiekanäle offen und frei
Energie fließt von selbst

Zur Entspannung der Nacken- und Schultermuskulatur:

Schulter-Nacken-Bereich weich, warm, locker, gelöst
Schultern und Nacken angenehm strömend warm

Bei Rückenbeschwerden:

Kreuz weich, warm, locker, gelöst
Rücken warm und frei
Rücken strömend warm
Ich stehe aufrecht und frei

Bei Angst und Unsicherheit:

Ich bin ruhig und gelassen
Hände trocken und warm
Bauch gelöst, locker und warm
Mund angenehm feucht
Ich schaffe es – es gelingt mir

Bei Kopfweh und Migräne:

Kopf frei und klar
Kopf hell und klar
Kopf frei, klar und leicht
Kopf ganz frei
Nacken strömend warm und gelöst
Bewußtsein hell, wach und leicht
Schläfen und Stirn leicht und frei
Gesicht glatt und gelöst

Bei Heuschnupfen:

Atemwege frei, durchgängig
Alle Energiekanäle frei
Nase angenehm warm durchströmt
Nase angenehm kühl und frei
Nase und Bronchien ruhig und frei

Bei Atembeschwerden:

Atmung ganz ruhig
Schleimhäute gut durchfeuchtet
Die Luft fließt frei aus und ein
Atemwege offen und durchgängig
Die Luft fließt kühl durch Nase und Rachen
Atmung gelöst
Der Atem löst und lockert
Der Atem fließt von selbst
Bronchien weit und frei
Atmung gibt Kraft und Leben

Bei Hautallergien:

Haut kühl und trocken
Jucken gleichgültig
Hände und Füße trocken und warm
Ich mag mich, ich bin frei
Ich bin stark durch Geduld und Ausdauer

Für konzentriertes Arbeiten:

Ich arbeite ruhig und konzentriert
Die Ideen fließen von selbst
Ich bin voll bei der Sache
Ich weiß, was ich mache

Zur Unterstützung des Lernens:

Das, was ich lerne, bleibt
Das, was ich lese, bleibt
Alles, was ich lerne, prägt sich ein
Ich höre aufmerksam zu
Ich verstehe, was gesagt wird
Ich bin ruhig und konzentriert
Ich konzentriere mich auf die Sache

Nach dem Lernen:

Was ich gelernt habe, bleibt
Ich erinnere mich daran

Bei Prüfungen:

Was ich gelernt habe, kommt
Alles Wissen fließt von selbst
Die Lösungen kommen wie von selbst
Die richtigen Lösungen fallen mir ein
Ich arbeite ruhig und konzentriert
Ich weiß, was ich gelernt habe
Ich kann, was ich gelernt habe
Ich bin voll bei der Sache

Bei Gedächtnisschwäche:

Was ich brauche, kommt mir in den Sinn
Was ich brauche, fällt mir ein
Ich weiß, was ich wissen muß
Was ich wissen muß, ist greifbar
Meine Erinnerungsfähigkeit ist gut

Fürs Namensgedächtnis:

Der Name fällt mir rechtzeitig ein
Ich weiß den Namen
Der Name erscheint mit der Person

Zur Steigerung des Selbstbewußtseins:

Ich bin ich
Ich bin ruhig und gelassen
Ich bin stark
Ich weiß, was ich kann
Ich zeige meine Fähigkeiten
Ich handle sicher, gelassen und klar

Ich gewinne Selbstvertrauen
Mein Selbstvertrauen wird von Tag zu Tag stärker
Atmung gibt Kraft und Leben

Bei Redeangst:

Ich spreche langsam, ruhig und deutlich
Ich bleibe ruhig und gelassen
Das Gesicht ist locker und gelöst

Bei Schlafstörungen:

Schlaf gleichgültig
Schlaf gleichgültig, Ruhe wichtig
Schlaf ruhig und erholsam
Ich schlafe durch
Ich genieße die Ruhe
Es ist mir egal, daß ich nicht schlafe

Bei Neigung zu Wutausbrüchen:

Ich bin ganz ruhig
Ich bleibe ruhig und gelassen
Überall und jederzeit Ruhe und Gelassenheit
Der andere ist gleichgültig
Ich behalte die Übersicht
Ich bin und bleibe cool
Ich bleibe geduldig
Ich spüre mich
Ich bin gelöst, gelassen und ruhig

Bei Eßstörungen:

Ich esse bewußt
Ich genieße das Essen
Ich weiß, was mir gut tut

Ich bin satt und zufrieden
Ich nehme mich und meinen Körper an

Bei Magenproblemen:
Mein Magen kann etwas vertragen
Magen ruhig, warm und frei

Bei Verdauungsproblemen:
Verdauung arbeitet gut
Darm arbeitet gut
Darm ganz ruhig
Darm bleibt ruhig
Verdauung gelöst

Bei Blasenstörungen:
Blase angenehm warm
Blase bleibt frei und ruhig
Es läuft von selbst

Bei nächtlichem Schwitzen:
Ich bleibe trocken

Die Leitsätze werden am besten gegen Ende des Autogenen Trainings eingesetzt, also nach der Sonnengeflechtsübung. An dieser Stelle sind Sie am tiefsten im Training, die Autosuggestionen wirken am besten. Denken Sie sich eine dieser Formeln oder zwei bis drei, die inhaltlich zusammenpassen, ganz intensiv mehrere Male, so wie Sie auch die andern Übungen des Autogenen Trainings machen. Anschließend können Sie, wenn Sie immer noch genügend konzentriert sind, Ihre liebsten Übungen wiederholen, die Stirnübung machen und gut und gründlich zurücknehmen.

Plazierung der Leitsätze im Kurs

Normalerweise erfolgt die Einführung der Leitsätze im Kurs nach der Bauchübung, weil dies der beste Zeitpunkt für die Anwendung ist. Im Laufe der Jahre hat es sich bei meinen Kursen aber eingebürgert, die Leitsätze vor der Bauchübung oder sogar vor der Atemübung einzuführen. Dies aus den folgenden Gründen: Die Teilnehmenden haben bereits etwa zwei Monate autogen trainiert, weil zwischen den einzelnen Kursabenden zwei bis drei Wochen liegen. Sie haben also schon eine gewisse Übung erlangt und kennen das Autogene Training recht gut. Meist wird der Kurs während der Schulferien unterbrochen, was dazu führen kann, daß von einem Kursabend zum nächsten sogar vier bis fünf Wochen vergehen. Da liegt es nahe, einen Leitsatz zu formulieren, der in dieser Zeit angewendet wird. Am folgenden Kursabend können dann bereits Erfahrungen ausgetauscht werden. Vielleicht läßt sich sogar ein neuer Leitsatz formulieren. Auf diese Weise werden die Kursteilnehmerinnen und -teilnehmer vertraut mit der Bildung von Leitsätzen und können während des Kurses ihre Erfahrungen besprechen.

Ihre Notizen

11 Der Abschluß der Lernphase

Der letzte Abend des Kurses dient dem Erfahrungsaustausch, als Fragestunde und zur Vermittlung von Tips. Seit etwa sechs Monaten trainieren Sie autogen, und so ist es an der Zeit, sich Gedanken darüber zu machen, ob die Erwartungen erfüllt und die anfänglich gesteckten Ziele erreicht worden sind.

Haben Sie Ihre Ziele am Anfang des Kurses aufgeschrieben (S. 14)? Dann können Sie sie mit dem vergleichen, was Sie in der Zwischenzeit erreicht haben. Ihre Notizen dazu können Sie sich hier machen:

Erreichte Ziele: ______________________

____

____

____

____

Nicht erreichte Ziele: ______________________

____

____

____

____

Bemerkungen: ______________________

____

____

____

Oft übertrifft das Erreichte die gesteckten Ziele bei weitem. Ebenso werden häufig positive Veränderungen sichtbar, an die man ursprünglich gar nicht gedacht hatte. Manchmal ist es auch so, daß das Umfeld Veränderungen spürt, obwohl man selbst gar nicht viel bemerkte. Jedenfalls hat sich das Autogene Training meist in den Alltag integriert und ist aus dem Leben nicht mehr wegzudenken.

Fragen und Tips

Während der Kurse für Autogenes Training tauchen oft Fragen auf, die im vorliegenden Text nicht oder nur teilweise geklärt werden konnten. Die Gespräche sind oft sehr umfangreich und zeigen den weiten Wirkungsbereich des Autogenen Trainings auf, den ich unmöglich auf dem recht begrenzten Platz dieses Buches abschließend behandeln kann. Trotzdem möchte ich wenigstens die häufigsten Fragestellungen zu klären helfen.

Wie kann ich mein Gedächtnis verbessern?

Die Gedächtnisleistungen steigern sich nur schon durch das reine Autogene Training markant. Trotzdem entsteht oft das Bedürfnis, mehr darüber zu erfahren, wie man gezielt das Gedächtnis fördern kann. Dazu kann ich einige Tips geben:

Ich vergleiche das Hirn oft mit einem großen Aktenschrank mit unzähligen Schubladen. Bei vielen Menschen geht das Speichern von Informationen so vor sich, daß sie von diesen vielen Schubladen eine aufreißen, die Information hineinschmeißen, die Schublade zuknallen und vergessen, diese anzuschreiben. Wie wollen sie dann diese Informationen je wiederfinden? Durch das Autogene Training werden die Schubladen zwar nicht besser beschriftet, bei Bedarf öffnen Sie jedoch instinktiv die richtige Schublade.

38 Der Aktenschrank als Erinnerungsspeicher

Natürlich hinkt dieser Vergleich ein wenig – man vergleicht das Hirn vielleicht besser mit einem leistungsfähigen Computer, der alle eingehenden Informationen selbsttätig ordnet und speichert. Leider ist uns oft nicht bewußt, nach welchem System geordnet und gespeichert wird. Mit dem Autogenen Training – vielleicht geschickt unterstützt durch passende Formeln – können wir den Zugriff auf benötigte Informationen entscheidend verbessern. Einige Beispiele sollen dies veranschaulichen:

Namensgedächtnis

Viele Leute klagen über ein schlechtes Namensgedächtnis. Eine Frau, die schon einige Jahre lang Autogenes Training praktiziert und gewöhnlich keine Mühe mit Namen hatte, konnte sich in einem bestimmten Gremium den Namen einer Person einfach nicht merken. An jeder Sitzung mußte sie nach dem Namen fragen, was ihr echt peinlich war. Also wandte sie einen Leitsatz an, um das Problem zu lösen: »Der Name fällt mir ein, sobald ich ihn brauche.« Sie ging zuversicht-

39 Kommt der Name, oder kommt er nicht?

lich an die nächste Sitzung, sah dort den betreffenden Mann, dieser kam immer näher – doch der Name wollte ihr einfach nicht einfallen. Schließlich, genau beim Händeschütteln – zack – war der Name da, und sie konnte den Mann mit Namen begrüßen. Er war ihr eingefallen, *sobald sie ihn brauchte.* So wirksam ist das Autogene Training. Diese Episode zeigt aber, wie sorgfältig die Formel für den Leitsatz gewählt werden muß. Das Unbewußte hielt sich genau an die Vorgabe – vorher brauchte die Frau den Namen ja nicht. Und doch hätte sie ihn lieber etwas früher gewußt. Die Formel **Ich weiß den Namen** oder **Der Name fällt mir rechtzeitig ein** oder **Der Name erscheint mit der Person** wäre besser gewesen, weil sie das Unbewußte veranlaßt hätte, den Namen etwas früher preiszugeben.

Dran denken, etwas Bestimmtes zu tun

Sie sollten ein bestimmtes Telefonat zu einem bestimmten Zeitpunkt erledigen. Die klassische Methode mit dem Knoten im Taschentuch funktioniert nicht immer, denn oft wissen Sie nicht mehr, weshalb Sie ihn hineingeknotet haben, oder Sie haben das Taschentuch vorzeitig weggeworfen. Diese Methode ist also ziemlich unzuverlässig. Sie können auch einen Zettel schreiben und ihn

40 Der Knoten im Taschentuch: woran soll er erinnern?

in die Hosentasche stecken. Aber wer garantiert Ihnen, daß Sie rechtzeitig daran denken, den Zettel hervorzunehmen und ihn zu lesen?

Wie Sie wissen, haben Sie in Ihrem Kopf einen leistungsstarken Computer, der ein zuverlässiges »Drandenk-Programm« eingebaut hat. Sie müssen Ihren Computer nur richtig programmieren, und er wird Sie rechtzeitig an das Telefonat erinnern. Das Programmieren geht so vor sich: Während Ihres morgendlichen Autogenen Trainings denken Sie intensiv an diesen Anruf und an dessen Empfänger. Dazu nehmen Sie sich einen bestimmten Zeitpunkt vor. Wichtig ist, daß Sie sehr intensiv daran denken. Mit ein bißchen Übung können Sie das auch zu einem anderen Zeitpunkt tun, ohne Autogenes Training; die Intensität dieses Gedankens ist ausschlaggebend. Wenn Sie das getan haben, können Sie zur Tagesordnung übergehen und andere Dinge erledigen, die Sie sich vorgenommen haben. Pünktlich zum vorgemerkten Zeitpunkt wird das Unbewußte Sie an den Anruf erinnern, das heißt, Sie werden einfach daran denken. Führen Sie jetzt Ihr Vorhaben gleich aus, denn das Unbewußte hat seinen Auftrag erledigt und wird sich nicht um die Durchführung kümmern. Wenn es Ihnen im Moment nicht möglich ist, das Telefonat zu erledigen, programmieren Sie einfach kurz auf einen späteren Zeitpunkt nach. Wenn Sie nicht nachprogrammieren, werden Sie es vergessen.

Denselben Mechanismus können Sie auch anwenden, wenn Sie zu einem bestimmten Zeitpunkt am Morgen erwachen wollen. Versuchen Sie es einmal – Sie werden überrascht sein!

Sie können die Dran-denk-Programmierung verstärken, wenn Sie sich nicht nur einen Zeitpunkt vornehmen, sondern die Tätigkeit, an die Sie denken wollen, an eine bestimmte Handlung oder einen äußeren Reiz knüpfen. Sie möchten zum Beispiel, gleich wenn Sie heimkommen, autogen trainieren. Dann stellen Sie sich intensiv vor, wie Sie auf Ihre Wohnungstür zugehen und Ihre Hand auf die Klinke legen. Befehlen Sie Ihrem Unbewußten, Sie in diesem Moment an das Autogene Training zu erinnern. Das Gefühl der Klinke in der Hand wird den Gedanken an das Training herbeizaubern.

Etwas Gelerntes behalten und wiedergeben können

Leitsätze, die das Lernen und Wiedergeben fördern, finden Sie auf den Seiten 150 und 151. Es ist vorteilhaft, das Lernen mit Autogenem Training zu unterstützen. Wenn Sie vor dem Lernen Autogenes Training praktizieren und sich so darauf einstimmen, daß auch das Unbewußte weiß, daß das Folgende ganz wichtig ist und es Sie beim Behalten unterstützen muß, werden Sie einerseits viel effizienter, also schneller und besser lernen, und andererseits werden Sie das Gelernte besser behalten und wiedergeben können. Wenn Sie über längere Zeit lernen müssen, können Sie zwischendurch zusätzlich trainieren, sonst machen Sie am Ende der Lernphase ein Training mit Schwergewicht auf dem Speichern. Meist muß das Gelernte nach einer gewissen Zeit in Form einer Prüfung oder eines Tests wiedergegeben werden. Auch hier empfehle ich, vor der Prüfung autogen zu trainieren, um so den gelernten Stoff griffbereit zu machen. Dies ist eine sehr effiziente Lernmethode, viele Erfahrungen und Rückmeldungen von Kursteilnehmerinnen und -teilnehmern belegen dies.

Auch die Kinder in den Kursen für Autogenes Training berichten von sehr positiven Erfahrungen.

Im übrigen verweise ich auf die vielen Angebote im Bereich von Gedächtnistraining und Mnemotechniken. Diese enthalten mitunter sehr wirksame Techniken, wie man sein Gedächtnis verbessern kann. Wenn Sie von einem solchen Angebot profitieren wollen, ist es ratsam, das Autogene Training zur Unterstützung anzuwenden.

Kann Autogenes Training mit Kindern durchgeführt werden?

Etwa vom Kindergartenalter an ist es möglich, Kinder das Autogene Training zu lehren. Die Übungen müssen jedoch spielerisch an sie herangebracht werden. Auch bei Kindern ist darauf zu achten, daß man ihnen die Übungen nicht vorspricht; sie haben ein Recht darauf, es so beigebracht zu bekommen, daß sie es selbständig anwenden können. Zur Auflockerung der Lektionen lassen sich Spiele, Musik und Fantasiereisen einbauen. Die Fantasiereisen dürfen Elemente des Autogenen Trainings enthalten, sollen aber nicht als Autogenes Training bezeichnet werden.

Ich erteile Kurse für Kinder im Mittelstufenalter, das heißt vom vierten bis zum sechsten Schuljahr. Dabei gebe ich Tips und Anregungen, wie sie ihr Lernen verbessern oder Prüfungsängste abbauen können. Wie bei den Erwachsenen werden diese Kurse in kleinen Gruppen durchgeführt, so daß jedes Kind ausführlich über sein Autogenes Training berichten kann.

In der Oberstufe ist es nicht sinnvoll, Autogenes Training zu vermitteln, weil die Jugendlichen schon zu stark in der Pubertät stecken. In dieser Zeit finden sehr viele seelische und körperliche Veränderungen statt – dazu noch Autogenes Training zu erlernen, wäre zuviel.

Eltern sollten davon absehen, ihren Kindern das Autogene Training beibringen zu wollen. Die Kinder empfinden das oft als Erziehungsmaßnahme und verweigern sich, oder sie spüren das (übermäßige) Interesse der Eltern, ihnen etwas Gutes tun zu wollen. Auch dies führt oft zu Verweigerung. Wenn die Kinder einen Kurs besuchen, sind sie viel freier, das Training zu lernen. (In Ermangelung eines andern Kursleiters in der Nähe habe ich meinen Kindern das Autogene Training trotzdem selbst beigebracht – doch sie bekamen die Erläuterungen nicht daheim, sondern in einem offiziellen Kurs. Daheim war das Thema tabu, die Fortschritte wurden nur im Kurs begutachtet.)

Wie setze ich das Autogene Training gegen meine Migräne ein?

Migräne ist eine äußerst schmerzhafte Krankheit, welche die Betroffenen oft nur mit starken Medikamenten aushalten. Viele lernen durch das Autogene Training, mit der Migräne besser umzugehen, und in manchen Fällen ist es möglich, Medikamente abzusetzen, weil das Training die Schmerzzustände lindert oder sogar ganz zum Verschwinden bringt.

Man sollte einer betroffenen Person jeweils sehr genau zuhören: Spricht sie von »meiner Migräne«, muß ganz sorgfältig vorgegangen werden, denn die Migräne ist ein Bestandteil ihres Lebens geworden. Sie ermöglicht ihr gewisse Vorteile, die sie sich nicht so leicht nehmen läßt, beispielsweise das In-Ruhe-gelassen-Werden bei einer Migräneattacke. Manchmal lassen sich solche Personen nicht auf das Autogene Training ein, weil sie befürchten, dadurch etwas zu verlieren, wofür sie keinen adäquaten Ersatz haben.

Für die meisten Betroffenen ist die Migräne aber eine unnötige Qual, die sie in ihrer Lebensqualität stark beeinträchtigt. Meist kündigt sich ein Anfall an: Man spürt ein leichtes Ziehen vom Nacken in den Hinterkopf hinauf, vor den Augen beginnt es zu flimmern, das Licht fängt an zu blenden. Jetzt ist der richtige Zeitpunkt, autogen zu trainieren. Nehmen Sie sich Zeit, setzen oder legen Sie sich hin, und machen Sie die Übungen. Denken Sie ganz intensiv die Leitsätze **Kopf frei und klar – Kopf frei, klar und leicht – Schläfen und Stirn bleiben leicht und frei.** Nehmen Sie sich Zeit dafür, machen Sie es lange und immer wieder. Wenn Sie's einfach nicht mehr aushalten, können Sie immer noch ein Medikament nehmen. Versuchen Sie jedoch, diesen Zeitpunkt weiter hinauszuschieben. Wahrscheinlich können Sie mit der Zeit auf das Medikament verzichten – Sie haben gelernt, mit der Migräne umzugehen. Allerdings ist es wichtig, mit dem Arzt zusammenzuarbeiten, so daß Sie sicher nichts Falsches machen.

Vor einiger Zeit besuchte ein Mann mittleren Alters einen Kurs bei mir. Anfangs erzählte er von Migräne-Kopfschmerzen, die er nur mit stärksten Medikamenten aushalte. Fast jedes Wochenende sei er deswegen nicht in der Lage, etwas zu unternehmen; Frau und Kinder litten auch darunter. Kurz nach Beginn des Kurses hatte er wieder einen Anfall. Er machte ein Autogenes Training – und weg war die Migräne. Schon am zweiten Kursabend berichtete er glücklich darüber, und auch an den folgenden Kursabenden war dies immer wieder ein Thema. Er hatte die Migräne im Griff. Wenn sie auftrat, praktizierte er Autogenes Training – und bekam keine Kopfschmerzen. Gegen Ende des Kurses hatte er wieder einen Anfall, konnte aber zu diesem Zeitpunkt nicht autogen trainieren. Das Kopfweh wurde so stark, daß er ein Medikament schlucken mußte – es half nichts. Schließlich kam er nach Hause, machte sein Autogenes Training und war die Migräne los.

Soll man zur Unterstützung des Autogenen Trainings ein Tonband oder eine CD verwenden?

Ich bin strikte gegen die Verwendung eines Tonbands. Sie machen sich damit nur abhängig, und das Autogene Training ist bereits so kraftvoll, daß ein Tonband oder eine CD nichts dazu beitragen kann. So, wie Sie das Training gelernt haben, ist es nur dann überall und jederzeit einsetzbar, wenn Sie möglichst unabhängig von irgendwelchen Hilfsmitteln sind. Ich kann mir nur eine Ausnahme von dieser Regel vorstellen: Sie besprechen ein Tonband mit Ihren ganz persönlichen Formeln selbst. Dieses können Sie etwa einen Monat lang einsetzen, danach sollten sie es absetzen oder ein neues machen. Doch auch in diesem Fall sollten Sie die meisten Trainings ohne Tonband machen.

Was ist, wenn während des Trainings jemand an der Tür läutet oder das Telefon klingelt?

Anfänglich sollten Sie sich vor solchen Situationen schützen, denn Sie könnten erschrecken, und das wäre für das Erlernen des Autogenen Trainings nicht sehr förderlich. Später spielt das keine große Rolle mehr. Sie

beenden die Übung einfach mit sorgfältigem Zurückholen und nehmen das Telefon ab oder öffnen die Tür.

Muß immer ein vollständiges Autogenes Training gemacht werden?

Das wäre natürlich wünschenswert, ist aber leider nicht immer möglich. Wenn Sie das Autogene Training jedoch gut eintrainiert haben, funktionieren die Schlüsselwörter, die Schalter, ebensogut auch ohne vollständiges Training. Den Ruhesatz können Sie sich jederzeit denken, wenn Sie bemerken, daß Sie anfangen, sich aufzuregen. Die Wärme- oder die Bauchübung läßt sich ohne weiteres auf einem Spaziergang im Winter machen, um festzustellen, wie schön warm Sie trotz der Kälte haben. Alle Leitsätze können auch ohne Autogenes Training angewendet werden, es ist aber vorteilhaft, wenn sie vorher im Training gut eingeübt wurden. All diese Teilübungen sind zwar nicht ganz so wirkungsvoll wie ein vollständiges Training, sie bewirken aber auch schon einiges, wenn die Zeit oder Gelegenheit fehlt, ein richtiges Training zu machen. Sie können jede Übung einzeln praktizieren außer der ersten, der Schwereübung. Diese ist der eigentliche Schlüssel zum Autogenen Training und sollte nur mit geschlossenen Augen gemacht werden.

Wie lang soll jeweils trainiert werden?

Dies ist völlig unterschiedlich, das können Sie gestalten, wie Sie wollen. Ich empfehle jedoch, ein- bis zweimal in der Woche ein ganz kurzes Training zu machen; das hält die Schalter »geschmiert« und garantiert, daß die Wirkungen des Autogenen Trainings zuverlässig und schnell eintreten und die Konzentration gut bleibt. Es könnte sonst sein, daß sich dies mit der Zeit verlangsamt. Ein »Turbotraining«, wie ich das nenne, läßt sich in drei bis vier Atemzügen durchziehen. Pro Ausatmen können Sie zwei Übungen machen und gleichzeitig die Ruhe einbauen, und die Atemübung selbst ist dadurch schon Teil des Trainings, daß Sie das ganze im Atemrhythmus denken. Bereits in dieser Ultra-Kurz-Übung können Sie 20 bis 30 Prozent Ihres Entspannungspotenzials erreichen!

Wie beginnt man mit Autogenem Training, wenn man über längere Zeit ausgesetzt hat?
Wenn Sie nicht mehr sicher sind, wie die Formeln heißen, lesen Sie einfach das Buch durch. Sie können das Autogene Training dann wieder nach Bedarf einsetzen. Wenn Sie es einmal gründlich erlernt haben, vergessen Sie es nicht mehr. Denken Sie daran, Sie haben zuverlässige Schalter – bedingte Reflexe – eingebaut. Diese brauchen Sie nur zu reaktivieren. Allenfalls können Sie so beginnen, daß Sie jeden zweiten Tag eine neue Übung hinzunehmen. Sie werden überrascht sein, wie es in alter Frische wieder aufersteht.

Haben Sie das Autogene Training hingegen nicht gründlich erlernt, könnte es sein, daß Sie Schwierigkeiten haben, es aufzufrischen. In so einem Fall wäre ein neuer Kurs angezeigt. Überlegen Sie sich jedoch vorher, warum Sie das Autogene Training ursprünglich nicht gründlich gelernt haben. Lag es daran, daß Sie es aus einem Büchlein lernten? Lag es am Kurs, den Sie besuchten? Wählen Sie dann einen Kurs, bei dem Sie sicher sein können, daß Sie gut unterstützt werden.

Kann das Autogene Training aus diesem Buch oder einem andern Werk gelernt werden?
Möglich ist es schon. Sie müssen sich aber bewußt sein, daß es für das Erlernen des Autogenen Trainings am

besten ist, wenn Sie einen Kurs besuchen; mögliche Fehlhaltungen können dadurch erkannt werden. Dieses Buch und andere Literatur kann als Ergänzung und Vertiefung eingesetzt werden, den Kursleiter aber nicht ersetzen, weil kein Buch ein Gespräch mit Ihnen führen kann. Zudem bleiben Ihre Fragen offen und unbeantwortet. Zu bedenken ist, daß leider auch Bücher über Autogenes Training auf dem Markt sind, die nicht zu empfehlen sind, weder, um es selbst zu lernen, noch als Begleitmaterial zum Kurs. Als Laie können Sie nicht erkennen, was gut und was schlecht ist, und wenn Sie eines der unbrauchbaren Sorte erwischen, werden Sie das Autogene Training garantiert nicht lernen und die Meinung entwickeln, das sei nichts für Sie, oder, schlimmer noch, ein fertiger Blödsinn.

Gibt es Kontraindikationen gegen das Erlernen des Autogenen Trainings?

Jeder gesunde Mensch kann Autogenes Training praktizieren. Mit Vorteil lernt man es prophylaktisch, denn es ist keine Schnellbleiche oder Feuerwehrübung. Das Erlernen dauert in der Regel vier bis sechs Monate, dazu kommt eine halbjährige Festigungsphase.

Es gibt eine Kontraindikation: die endogene Depression. Jemand, der unter dieser Krankheit leidet, sollte das Autogene Training nicht erlernen. Solche Menschen beschäftigen sich ohnehin zuviel mit sich, das Training würde dies verstärken und somit den Krankheitsverlauf möglicherweise beschleunigen.

Was ist, wenn ich während des Kurses erkranke?

Wenn man krank ist und Fieber hat, ist es ziemlich schwierig, ja fast unmöglich, autogen zu trainieren.

Man kann sich nicht konzentrieren, schweift ab, schläft während des Trainings ein – kurz, es ist frustrierend. Lassen Sie in so einem Fall das Training sein und trainieren Sie weiter, wenn Sie wieder gesund sind.

Wegen des Kursbesuchs brauchen Sie sich keine Sorgen zu machen. Sollten Sie deswegen fehlen, können Sie einfach im Büchlein weiterlesen und die nächste Übung beginnen, wenn Sie wieder auf den Beinen sind. Bei einer Kursdauer von gegen sechs Monaten holen Sie Ihren Trainingsrückstand spielend auf. Vielleicht besteht bei Ihrem Kursleiter die Möglichkeit, ihn telefonisch zu kontaktieren, wenn Sie Fragen haben oder eine Begleitung möchten.

Darf man sich während des Autogenen Trainings kratzen, wenn es juckt?

Als ich vor vielen Jahren das Autogene Training aus einem Buch erlernte, war dies einer der Fehler, die ich machte: Natürlich juckte es mich hie und da, und ich dachte, man müsse beim Training absolut still sitzen oder liegen. So versuchte ich mit steigender Verbissenheit, das Jucken »wegzudenken«, ohne Erfolg. Dies ist für ein erfolgreiches Autogenes Training natürlich hinderlich. Selbstverständlich darf man sich kratzen, dann ist der Juckreiz vorbei, und Sie können mit dem Training weiterfahren.

Was sind Grund- und Aufbauübungen?

In der Literatur werden die Schwere- und die Wärmeübung oft als Grundübungen bezeichnet, die folgenden Übungen gehören zur Aufbauphase. Im Grunde genommen wäre es möglich, ein recht gutes Autogenes Training bereits mit der Schwere und der Wärme zu realisieren. Für die Entspannung und Lockerung des Körpers würde dies vollauf genügen. Nur – bis diese Übungen ihre ganze Wirksamkeit entfalten können, reichen zwei Wochen oder ein Monat bei weitem nicht. Die Kursdauer müßte – auch wenn nur diese beiden Übungen vermittelt würden – gegen ein halbes Jahr dauern. Daher (und nicht nur deswegen) erscheint es sinnvoll, die Kursabende mit andern Inhalten zu bereichern: den Aufbauübungen und den Leitsätzen.

Was für eine Rolle spielt die Reihenfolge im Autogenen Training? Müssen immer alle Übungen gemacht werden?

Während der Lernphase ist es wichtig, sich an die vorgegebene Reihenfolge zu halten, denn nur so ist das Einüben der bedingten Reflexe optimal gewährleistet. Später, also gegen Ende des Kurses und nach dessen Abschluß, ist das nicht mehr ausschlaggebend. Die Schalter sind zuverlässig eintrainiert und können, in welcher Reihenfolge auch immer, betätigt werden. Eine Einschränkung gibt es: Beginnen Sie stets mit der Schwere- und der Wärmeübung, denn Schwere und Wärme sind die Schalter, die das Autogene Training einleiten. Danach können Sie die Reihenfolge wählen, die Ihnen lieb ist. Sie werden mit der Zeit nicht mehr alle Übungen absolvieren, weil Ihnen nicht alle gleich sympathisch sind und Ihnen gleichviel Nutzen bringen. Sie können bei der einen oder andern Übung länger verweilen oder zu früheren zurückkehren – das dürfen Sie gestalten, wie Sie wollen. Sie machen ja Ihr ganz persönliches Autogenes Training.

Oft wird in der Literatur die Reihenfolge, wie das Autogene Training zu erlernen sei, variiert. Zum Beispiel werden die Herz- und die Atemübung vertauscht, oder die Ruheformel wird als eigenständige Übung an den Anfang gesetzt. Dies ist als persönliche Vorliebe des Autors oder Kursleiters zu werten, der seine Gründe dafür haben mag. Ich halte mich an die Vorgaben von Schultz, weil ich mit dieser Abfolge gute Erfahrungen gemacht habe. Die einzige Änderung gegenüber seinem Schema ist, daß ich die Leitsätze vorziehe, in der Regel also vor die Bauchübung nehme. Dies bietet sich an, weil das Autogene Training bis dahin wegen der langen Kursdauer schon gut eintrainiert ist.

Sollen die Formeln des Autogenen Trainings gesprochen oder gedacht werden?

In aller Regel werden die Formeln gedacht. Das Sprechen hindert Sie daran, eine tiefere Entspannung zu erreichen, weil es nur unter Anspannung der Sprechmuskulatur geschehen kann. Falls Sie sich aber gar nicht auf die gedachten Formeln konzentrieren können, wäre eine Möglichkeit, sie leise vor sich hin zu sprechen, um die Konzentration zu verbessern. Sobald diese soweit vorhanden ist, daß Sie einen Satz ein- oder zweimal, ohne abzuschweifen, zu denken vermögen, können Sie auf das Sprechen verzichten. Nur ganz wenige ziehen es vor, die Formeln immer zu sprechen.

Wie kann ich die Konzentration verbessern?

Verkürzen Sie das Training auf eine Minute oder gar dreißig Sekunden. Das tun Sie, indem Sie Schwere und Wärme jeweils nur ein- oder zweimal denken und die

Ruheformel dazwischenschieben (siehe auch S. 79/80). Schließen Sie das Training ab, indem Sie intensiv und gründlich zurücknehmen.

Können Süchte, wie zum Beispiel Rauchen, Alkohol und Drogen, mit Autogenem Training bekämpft werden?

Sicher kann das Autogene Training für so etwas eingesetzt werden. Einfach ist es allerdings nicht – auch nicht mit Unterstützung des Autogenen Trainings –, eine solche Sucht loszuwerden. Süchte haben stark mit der Persönlichkeit zu tun. Man muß also ganz tief gehen, und es müssen mehrere Methoden und Faktoren positiv zusammenspielen, damit es gelingt. Es gibt Leute, die Ihnen versprechen, eine Behandlung bringe Sie dazu, mit dem Rauchen aufzuhören. Oft haben diese Leute sogar vordergründig Erfolg: Die Behandelten werfen ihre Zigarettenpäckchen weg und lassen das Rauchen sein. Aber schauen Sie ein halbes Jahr später nochmals hin: Viele haben wieder angefangen. Wenn Sie nicht wirklich wollen, hat auch der beste »Zauberer« keine Chance. Und wenn Sie wirklich wollen, brauchen Sie keinen Zauberer. Unterstützung durch das Autogene Training ist aber sinnvoll.

Leitsätze, die Sie wirkungsvoll dabei unterstützen, sind schwierig zu finden. Am besten werden sie im persönlichen Gespräch erarbeitet, weil gerade sie sehr persönlichkeitsgerecht sein müssen. Hier empfiehlt es sich vielleicht, eine Einzelstunde beim Seminarleiter zu buchen, damit wirklich genug Zeit ist, Ihr Problem zu analysieren und gute Leitsätze zu finden.

Bei starken Abhängigkeiten wie Alkoholismus und Drogensucht reicht das Autogene Training natürlich nicht aus. Hier sind spezifische, oft auch stationäre Therapien angezeigt, die das Problem auf mehreren Ebenen gleichzeitig angehen können.

Schlußgedanken

Bei den Kursen für Autogenes Training entwickelt sich schnell ein tiefes Vertrauensverhältnis zwischen den Kursteilnehmern untereinander und zum Kursleiter. Voraussetzung ist natürlich, daß alle eine wohlwollende, unterstützende Haltung zueinander einnehmen. Zudem ist es wichtig, daß die Gespräche, die oft sehr Persönliches behandeln, nicht aus dem Kursraum hinausgelangen.

Ich habe viele Kurse erlebt, bei denen schließlich der Wunsch entstand, sich später wieder zu treffen, um Erfahrungen auszutauschen. Dies erklärt sich auch daraus, daß ein Gruppenzusammengehörigkeitsgefühl entsteht, das den einzelnen Geborgenheit und Wärme gibt. Wenn ein solches Treffen ins Auge gefaßt wird, ist es sinnvoll, es ein halbes oder ganzes Jahr später anzusetzen.

Nun hoffe ich, daß dieses Büchlein für Sie von Nutzen ist und Sie im Erlernen des Autogenen Trainings unterstützt hat. Das Autogene Training ist eine hervorragende Methode, Ihr Wohlbefinden und Ihre Energie zu stärken, so daß Sie den Überblick bewahren und Ihre Probleme von nun an wirkungsvoll angehen können.

Dank

Danken möchte ich meiner Frau Dorothée, welche das Manuskript immer wieder kritisch, aber wohlwollend und liebevoll unterstützend hinterfragte und viele konstruktive Ideen und Verbesserungsvorschläge einbrachte.

Danken möchte ich auch Hans Peter Kobler, Hansjörg Moser und unserer Tochter Rahel, die das Manuskript oder Teile davon sehr aufmerksam durchsahen und mit wertvollen Anregungen und Gedankenanstößen versahen. Dank gebührt ebenso den beiden jungen Künstlern Markus Bieri und Matthias Wehle, welche das Werk mit informativen und ansprechenden Fotos und Zeichnungen bereicherten, sowie unserer Tochter Eva, die sich intensiv mit dem Thema befaßte und Modell saß. Herzlichen Dank auch an Géraldine Schmid, die als Foto- und Beleuchtungsassistentin wertvolle Dienste leistete.

Danken möchte ich vor allem aber den vielen Kursteilnehmerinnen und Kursteilnehmern, Kindern, Jugendlichen und Erwachsenen, die mit ihren Erzählungen und Fragen, Erfahrungen und Schwierigkeiten die Kursabende immer wieder in einer wunderbar vertrauensvollen Atmosphäre bereicherten. Ihnen verdanke ich sehr viel bezüglich der Wirkungsweisen und Möglichkeiten des Autogenen Trainings, weit mehr, als ich als einzelner Anwender je erfahren könnte. Ihnen gebührt auch Dank für ihre Unterstützung und Ermunterung, die ursprünglich nur als Kursunterlagen gedachten Inhalte dieses Buches zu veröffentlichen.

Im August 2002 *Anders Weber*

Anhang

Literaturverzeichnis

Im Bereich des Autogenen Trainings existiert Literatur von unterschiedlicher Qualität. Für Laien und Anfänger ist es sehr schwierig, ja fast unmöglich, zwischen guten Werken und anderen zu unterscheiden. Auch bei den besten Werken ist es aber von Vorteil, einen Kurs zu besuchen, wenn man das Autogene Training optimal erlernen will. Das Buch dient als gute Einführung und als Unterstützung.

Wenn Sie weitere Werke zum Thema lesen möchten, sind die folgenden Bücher zu empfehlen (die Auswahl umfaßt hauptsächlich neuere Literatur, mit Ausnahme von den Standardwerken):

Brand-Hetzel, Christiane: *Autogenes Training.* Heyne, München 1982, 128 Seiten.

Dieses Buch vermittelt einen sehr guten Einstieg in das Autogene Training. Das Hauptgewicht liegt auf den Grundübungen Ruhe – Schwere – Wärme, die Organübungen werden nur kurz gestreift. Wichtige Hinweise sind vorhanden: Kürze der Übungen, Üben im Sitzen, Anfängerschwierigkeiten. Wenig Theorie, dafür sehr einfühlsam, eindrücklich und auch humorvoll geschrieben. Sehr empfehlenswert.

Brenner, Helmut: *Autogenes Training – Schritt für Schritt.* Humbolt, München 1978, 159 Seiten.

Dieses Buch gibt eine systematische, sehr differenzierte

und ausführliche Einführung ins Autogene Training. Sie wird ergänzt durch Übungsdiagramme, Protokolle, Fragebogen, Erfolgskontrollen und Tabellen. Es entsteht der Eindruck, Gefühle und Empfindungen seien abschließend behandelt, und es wird wenig Rücksicht genommen auf die Eigenarten jedes einzelnen Menschen. Für alle, die es ganz genau wissen wollen, ist das Buch jedoch sehr empfehlenswert.

Derra, Claus: *Autogenes Training für zwischendurch.* Trias, Stuttgart 1998, 189 Seiten.

Das Buch ist sehr ausführlich und geht auf viele Probleme und Schwierigkeiten kompetent ein. Gute Abbildungen ergänzen den Text. Großes Gewicht wird auf die Bildung der Leitsätze gelegt, der Text enthält zahlreiche gute Beispiele. Als Hintergrundinformation sehr geeignet; das Buch richtet sich auch an Kursleiter.

Dürr, Volker: *Autogenes Training für Einsteiger.* Kreuz Verlag, Stuttgart 1997, 190 Seiten, mit CD.

Sehr gut und humorvoll geschriebenes Buch mit vielen Tips und Tricks, die das Lernen des Autogenen Trainings erleichtern. Auf die Vermittlung von viel Hintergrundwissen wird großer Wert gelegt. Gute Grundlage für diejenigen, die es genau wissen wollen. Gute Einführung in die Formelhafte Vorsatzbildung, mit zahlreichen guten Beispielen. Sehr empfehlenswert.

Eberlein, Gisela: *Gesund durch Autogenes Training.* Ullstein Taschenbuch, Berlin 2001, 112 Seiten.

Recht gute Einführung ins Autogene Training mit Kurzinformationen und ausführlicheren Erklärungen. Auf die Ruhetönung wird besonderes Gewicht gelegt. Die Formelhaften Vorsätze sind gut formuliert.

Eberlein, Gisela: *Autogenes Training mit Jugendlichen.* Econ Taschenbuch, Düsseldorf 1985, 126 Seiten.

Dieses Buch bietet viele informative Fallbeispiele; die eingestreuten Formelhaften Vorsätze sind immer kurz und einprägsam. Es enthält eine sehr gute Darstellung, wie Formelhafte Vorsätze gebildet werden sollen.

Franke, Klaus: *So lernt man Autogenes Training.* Trias, Stuttgart 1990, 79 Seiten.

Kurze, klare, einfache und pragmatische Anweisungen, ohne unnötige Ausschweifungen. Gute Tips bei Störungen, darüber hinaus ein gutes Kapitel über Meditation.

Hennig, Marita: *Autogenes Training. Ruhe und Kraft im Alltag.* Midena, München 2001, 96 Seiten, mit CD.

Dieses Buch ist ansprechend gestaltet. Es nimmt für sich in Anspruch, daß man das Autogene Training mit ihm allein lernen kann. Die Vorgänge sind zum Teil etwas oberflächlich erklärt. Das Buch spricht Leserinnen und Leser immer wieder direkt an, was eine positive Beziehung schafft. Alles in allem recht gutes Trainingsbuch, als Begleitlektüre zu einem Kurs geeignet.

Hertzer, Karin: *Autogenes Training.* Südwest Verlag, München 1999, 128 Seiten.

Sehr ansprechend und lesefreundlich gestaltet. Kurze, aber gute Einführung in die einzelnen Übungen, hilfreiche Tips bei Schwierigkeiten. Viel Gewicht liegt auf der Formulierung der Leitsätze, das Buch enthält zahlreiche gute Beispiele, generell aber wenig Theoretisches – alles ist auf das praktische Erlernen des Autogenen Trainings ausgerichtet. Als Begleitbuch zu einem Kurs empfehlenswert.

Hoffmann, Bernt: *Handbuch des Autogenen Trainings.* dtv, München 1977, Standardwerk, immer wieder neu aufgelegt, 521 Seiten.

Dies ist ein sehr umfassendes Werk, das auch viele medizinische Informationen enthält. Die Übungen sind klar und deutlich beschrieben und mit vielen Beispielen untermauert. Äußerst empfehlenswert, wenn man es ganz genau wissen will, jedoch eher für Fachleute als für Laien bestimmt.

Isenschmid, René: »Autogenes Training – konzentriert zur inneren Ruhe«, Leitartikel in der Zeitschrift *Natürlich,* Nr. 6/1998, Aarau.

Sehr gute und kompetente Einführung ins Autogene Training. Das Wichtigste wird kurz gefaßt erklärt.

Langen, Dietrich (1913–1980): *Autogenes Training.* Gräfe und Unzer, München 1999, 96 Seiten.

Langen gilt als einer der Vorreiter des Autogenen Trainings. Sein ursprüngliches Standardwerk beim gleichen Verlag würde ich als Begleitbuch zu einem Kurs empfehlen. 1999 ist eine stark veränderte Neuauflage erschienen. Dieses Buch umfaßt nur die Grundübungen Ruhe – Schwere – Wärme – Atem. Es ist recht gut aufgebaut, enthält allerdings einige Unklarheiten und Ungenauigkeiten. Abgesehen davon empfehlenswert.

Lindemann, Hannes: *Überleben im Streß.* Heyne Sachbuch, München 1973, 192 Seiten.

Dieses Buch gilt als Standardwerk und wird immer wieder neu aufgelegt. Es enthält viele Tips und Anregungen, wirkt aber im Vergleich zu neueren Werken etwas verstaubt. Als Begleitbuch zu einem Kurs ist es durchaus zu empfehlen.

Miller, Theres, und Miller, Patrick: *Autogenes Training für Kinder und Jugendliche.* IATH-Verlag, Zürich und St. Gallen 1987, 72 Seiten.

Sehr gutes Begleitbuch, das vor allem in Kinderkursen verwendet wird. Es ist aber auch als Repetitionsbuch für Erwachsene geeignet.

Müller, Else: *Bewußter leben durch Autogenes Training und richtiges Atmen.* Rowohlt Taschenbuch, Reinbek bei Hamburg 1983, 185 Seiten.

Kurze Einführung ins Autogene Training mit guten Formelhaften Vorsätzen. Das Hauptgewicht des Buches liegt jedoch in einem speziellen Atemtraining. Empfehlenswert.

Schultz, J. H.: *Das Original-Übungsheft für das Autogene Training. Anleitung vom Begründer Dr. h.c. J. H. Schultz, bearbeitet von Dr. Dr. Klaus Thomas.* Trias, Stuttgart 2000, 56 Seiten.

Dieses Büchlein diente Schultz und seinem Nachfolger Klaus Thomas als Begleitlektüre zu ihren Kursen für Autogenes Training. Die verschiedenen Haltungen sind ausgezeichnet erklärt.

Thomas, Klaus: *Praxis des Autogenen Trainings. Selbsthypnose nach J. H. Schultz.* Trias, Stuttgart 1967, 237 Seiten.

Dieses Buch richtet sich vor allem an Kursleiter. Es enthält eine ausgezeichnete Formelsammlung für viele Beschwerden.

Adressen

Adresse des Autors:

Anders Weber
Seminarleiter Autogenes Training
Seehaldenstraße 23
CH-8800 Thalwil
weber.thalwil@swissonline.ch

Adresse des Fotografen:

Markus Bieri
Arbenzstraße 16
CH-8008 Zürich

Adresse des Zeichners:

Matthias Wehle
In der Breite 15
CH-8162 Steinmaur
matthias.wehle@bluewin.ch

Weitere Adressen:

ATneT
www.atnet.ch / info@atnet.ch
Verena Bürkler
Küngenmatt 52
CH-8055 Zürich

SAT
Schweizerische Gesellschaft für
Autogenes Training
www.sat-verband.ch

SGAT
Schweizerische Ärzte- und
Psychotherapeutengesellschaft
für Autogenes Training und
verwandte Verfahren
www.sgat.ch

DGÄHT
Deutsche Gesellschaft für Ärztliche Hypnose
und Autogenes Training e.V.
www.dgaeht.de

ÖGATAP
Österreichische Gesellschaft
für Autogenes Training
und Allgemeine Psychotherapie
www.oegatap.at